▲ 鹤壁市领导、核心专家组成员、部分企业代表参加鹤壁市镁产业技术路线图研讨会

▲ 中国镁业协会领导、专家与项目组成员研讨鹤壁市镁产业技术路线图

▲鹤壁市科技局、工信局领导、项目组成员、部分企业代表参加研讨会

▲项目组成员与郑州大学关绍康教授研讨
鹤壁市镁产业技术路线图

▲ 项目组成员在鹤壁地恩地新材料科技有限公司与专业人员座谈研讨

▲ 项目组成员在河南美丽鸟车业有限公司与专业人员座谈研讨

◀ 项目组成员在国家镁检测中心与专业人员座谈研讨

项目组成员在鹤壁金山镁业有限公司与专业人员研讨

项目组成员在鹤壁富迈特镁科技有限公司与专业人员座谈研讨

项目组成员在河南创世电机科技有限公司与专业人员研讨

用我们的知识和智慧描绘鹤壁市镁产业辉煌的明天

鹤壁市镁产业技术路线图

主　编　高自省
副主编　张新海　白坤举　吕玉荣
主　审　和运宏　赵红亮

北　京
冶 金 工 业 出 版 社
2014

内 容 简 介

鹤壁市发展镁产业有着得天独厚的资源优势，是全国最早开展皮江法炼镁的地区之一。历届鹤壁市领导都高度重视镁产业发展，将其作为优先发展的战略性先导产业之一，并提出了在镁加工产业示范基地的基础上打造“中国镁谷”的战略目标。本书围绕着鹤壁市镁产业发展及打造“中国镁谷”中的问题，以技术路线图的方法进行研究和探索，在研究鹤壁市镁产业发展的背景及战略路径的基础上，系统分析了鹤壁市镁产业的市场需求和产业目标，根据鹤壁市镁产业发展的实际情况，将鹤壁市镁产业划分为“镁冶炼与熔炼”等五个领域进行具体研究，绘制出了各领域技术发展路线图，将上述五个领域研究内容汇总，并绘制了“技术研发需求”等三个专项分析路线图，最后汇总以上成果，绘制了鹤壁市镁产业技术路线图（总图）。

本书可供政府技术管理、产业管理等部门、教育和科研机构、镁冶炼及加工和上下游企业等单位的管理与技术人员、相关专业的教师和学生参考。

图书在版编目(CIP)数据

鹤壁市镁产业技术路线图/高自省主编.—北京：冶金工业出版社，2014.9

ISBN 978-7-5024-6728-9

Ⅰ.①鹤… Ⅱ.①高… Ⅲ.①镁—有色金属冶金—冶金工业—产业发展—研究—鹤壁市 Ⅳ.①F426.32

中国版本图书馆 CIP 数据核字（2014）第 216993 号

出 版 人 谭学余
地 址 北京市东城区嵩祝院北巷 39 号 邮编 100009 电话 (010)64027926
网 址 www.cnmip.com.cn 电子信箱 yjcbs@cnmip.com.cn
责任编辑 张熙莹 美术编辑 杨 帆 版式设计 孙跃红
责任校对 郑 娟 责任印制 牛晓波
ISBN 978-7-5024-6728-9
冶金工业出版社出版发行；各地新华书店经销；三河市双峰印刷装订有限公司印刷
2014 年 9 月第 1 版，2014 年 9 月第 1 次印刷
787mm×1092mm 1/16；9 印张；5 彩页；227 千字；128 页
36.00 元
冶金工业出版社 投稿电话 (010)64027932 投稿信箱 tougao@cnmip.com.cn
冶金工业出版社营销中心 电话 (010)64044283 传真 (010)64027893
冶金书店 地址 北京市东四西大街 46 号(100010) 电话 (010)65289081(兼传真)
冶金工业出版社天猫旗舰店 yjgy.tmall.com

《鹤壁市镁产业技术路线图》
编写委员会

特邀顾问　高雅玲　冯用全　谷朝众

主任委员　马治国

副主任委员　和运宏　谷　岩

编　　委　延双鹤　赵红亮　杨振升　苏丽秋　晋佳路
杜宗才　高自省　张建华　郭　艳　周艳钦
邓力华　田志明　卢用喜　陈振兴　孙俊果

主　　编　高自省

主　　审　和运宏　赵红亮

副 主 编　张新海　白坤举　吕玉荣

参　　编　（排名不分先后）
贾玉丰　钱亚峰　尧玉芬　李兰军　窦　明
杨红霞　王作辉　王淑敏　李　博　张守花
邓晶想　王艳珍　王晓源　孔侠歆　洪全全
郝俊梅　唐景杰　李　伟　吴　帆　牛志华
付丽荣

《鹤壁市镁产业技术路线图》
制定工作专家指导委员会

主任委员 吴秀铭

核心专家 吴秀铭 徐晋湘 孟树昆 张　森 王自焘 关绍康
陈　功 赵红亮 王　强 张英波 王利国 郭学峰

委　　员 吴秀铭 徐晋湘 孟树昆 张　森 王自焘 关绍康
陈　功 赵红亮 王　强 张英波 王利国 郭学峰
韩　薇 夏德宏 龙思远 崔建忠 陈冬一 戚文军
李庆奎 高自省 朱世杰 张春香 文九巴 曾小勤
蒋百灵 吴国华 杨院生 管仁国 李培杰 张新明
李长勇 郑克明 孟　健 罗大金 李玉岗 徐树建
袁永利 徐永山 王德俊 李中生 冯建刚 李振江
杨万福 孙国顺 胡金松 李付江 关炳豹 齐顺成
胡新军 赵学明 杨万福 王鸿远 陈明广 郝　杰
樊国栋 钱　林

序

《鹤壁市镁产业技术路线图》即将正式出版了，这是镁行业的一件好事和喜事，它必将对鹤壁市乃至全国金属镁行业产生重要的影响。

鹤壁市是我国最早开始皮江法炼镁的地区之一，现在是镁加工产业示范基地。二十多年来，鹤壁市历届市领导都高度重视镁产业的发展，将其列为优先发展的战略性先导产业之一，并制定了打造“中国镁谷”的战略目标。《鹤壁市镁产业技术路线图》从“技术”层面规划了打造“中国镁谷”的路线图及具体路径，同时，还从战略层面对打造“中国镁谷”的内涵、过程、具体措施等进行了进一步的研究和探索，为打造“中国镁谷”提供了智力上的支持。

技术路线图是一种新型的科技管理工具，在科技管理中可以发挥很好的作用。《鹤壁市镁产业技术路线图》的制定由鹤壁市科技局牵头，鹤壁职业技术学院具体组织实施。他们以一种全新的视角和方法，组织鹤壁市和全国金属镁行业的科技相关人员，按照技术路线图制定的规范，从市场需求分析入手，确定了一定市场需求下的产业目标；以产业目标为基础，预测了达到产业目标将会遇到的技术难点（壁垒）；再以此为基础，论证了鹤壁市镁产业的技术研发需求项目，并对这些项目进行了反复的研究论证，包括项目的时间节点、重要级别、实施方式、运作办法等，并对其中的高级技术研发需求项目做了具体的分析和论述。

鹤壁市启动、制定镁产业技术路线图，其精神可嘉、方法可信、成果可用。政府及有关部门在决策管理中可以它作为参考，有关镁业企业可以此为重要依据开展技术创新活动，相关投融资部门也可应用其进行投资方向与项目的论证，金属镁产业链上下游的各有关企事业单位均可参考其开展各种技术和经营活动。同时，我们还注意到，在技术路线图制定过程中，通过座谈会、访谈、调研等多种形式，使政府部门、企业、科技部门和科研人员等反复切磋沟通，在很多问题上达成共识，为区域科技创新产业联盟的形成奠定了基础，也为鹤壁市镁产业的发展提供了良好的产业环境。

关于《鹤壁市镁产业技术路线图》的应用，要在学习和研究中应用，在应用中不断修正、完善和提高，使其各项功能日臻完美。

2004 年鹤壁职业技术学院在全国率先创办了金属镁冶金技术、镁及镁合金材料工程技术、镁合金材料成型与控制技术等涉镁专业，2006年学院被中国有色金属工业协会镁业分会认定并授牌为镁业人才教培基地。十年来在镁业教育和培训过程中，他们做了大量开创性的工作：制定了人才培养方案、培养了“双师型”的教师、编写了一系列的教材、与镁企业建立起了广泛联系等，同时培养培训了六百多名镁产业领域的高端技能型专门人才，其中有些在镁行业已崭露头角，为我国镁产业的发展作出了贡献。这次，鹤壁职业技术学院组织制定《鹤壁市镁产业技术路线图》，为镁产业的发展又作出了新的贡献。

鹤壁人自上而下、自下而上对镁及镁产业的战略眼光和执著精神令人赞赏和钦佩。现在，鹤壁市又有了自己的镁产业技术路线图，我们更加有理由相信，鹤壁市镁产业的明天将会更美好，打造“中国镁谷”的目标定会实现！

吴秀铭

（中国有色金属工业协会镁业分会原会长，
现首席行业高级顾问）

2014年5月19日

前　言

《鹤壁市镁产业技术路线图》是鹤壁市镁产业领域的一件基础性、开创性、探索性的工作。

镁及镁合金具有多重优点：密度小、比强度和比刚度高、阻尼性好、电磁屏蔽性能好、尺寸稳定性好、散热性能优良、铸造成型性能优良、切削无电火花、具有较低电位值，是优良的牺牲阳极材料等，其在多个领域发挥着越来越重要的作用。但是，镁及镁合金由于其特殊的内部结构，存在塑性变形性能和耐蚀性能差等缺点，成为制约镁及镁合金更广泛应用的重要瓶颈。这就需要在镁及镁合金的应用过程中，针对上述特点及其瓶颈，大力开展科学研究和技术创新，尽快突破其应用技术上的瓶颈，开创镁及镁合金应用的新局面。另外，从资源的角度，据专家断言，全球铁资源可以开采50年，铝可以开采250年，而金属镁资源可以开采上千年，几乎可以说“取之不尽、用之不竭”。也就是说，历史并没有给我们更多的选择，必须十分重视镁及镁合金的科学技术研究，适应现代工业发展对金属材料的需求，不断将镁及镁合金的应用推向深入，为现代社会的可持续发展提供丰富可靠的物质基础。同时，制定镁产业技术路线图，也是鹤壁市经济、社会及镁产业发展的需求。鹤壁市的金属镁产业有着得天独厚的资源条件，有过辉煌的历史，经历了艰难的发展历程，虽创造过多个可圈可点的业绩，但离发展愿景——打造“中国镁谷”还有相当的距离。从现实情况看，通过制定镁产业技术路线图，打造一个鹤壁金属镁产业的技术管理平台，应该是促进鹤壁市镁产业健康快速发展的重要的方法和手段。

在上述背景下，鹤壁市科技局于2009年12月开始部署在镁产业等领域进行技术路线图的研究。通过组织外出参观学习、进行技术路线图的基本理论和知识培训、对产业技术路线图的案例进行研究等，迈出了《鹤壁市镁产业技术路线图》制定的第一步。为制定《鹤壁市镁产业技术路线图》，鹤壁职业技术学院专门成立了《鹤壁市镁产业技术路线图》制定工作组。经过一系列的准备，《鹤壁市金属镁产业技术路线图》的制定于2012年正式启动。2012年1月至2012年6月为准备阶段，2012年7月至2013年为开发阶段。此间，先后召开了市场需求、产业目标、技术难点、研发需求等一系列研讨会，完成了《鹤壁市镁产业技术路线图》的全部研讨论证。2013年8月，完成了总报告起草和路线图绘制等工作。此后，又请中国镁协、郑州大学、鹤壁市镁产业领域专家、技术人员及管理人员等对总报告和路线图初稿进行了研讨和修订。

技术路线图是关于技术发展前景及实现方法与路径的描述。《鹤壁市镁产业技术路线图》具体描述了鹤壁市镁产业发展的前景、实现的方法及路径，与一般技术路线图相同，鹤壁市镁产业技术路线图也具有如下基本功能：(1) 认知功能。通过制定技术路线图，使人们对产业发展的市场需求情况、现有产业状况、各领域现有技术发展水平状况等问题，有一个客观、清醒的认识，为制定产业规划，决策产业发展重大问题奠定基础。(2) 预测功能。在产业技术路线图制定过程中，在占有丰富信息的基础上，通过一定的方法和手段，对涉及产业技术发展的一系列问题进行预测，包括未来市场需求状况、产业目标、技术难点等，为规划产业技术发展路径奠定基础。(3) 规划功能。对产业未来一定时间节点上的产业目标，克服达到目标将遇到的技术难点及克服办法等问题进行规划，为产业技术上的发展指明路径。(4) 标识功能。技术路线图的“图”包含了整个技术路线图制定过程的精华，包含了产业技术发展的全部内容，这个“图”将文字、图形、表格相结合，形象地展示了产业技术发展的路径。(5) 沟通功能。技术路线图的制定过程，是参与技术路线图制定的各领域专家、产业链上各环节的代表、政府有关部门等所有利益相关者相互沟通的过程，技术路线图制定完成之日，往往就是产业联盟、产学研联盟形成之时。技术路线图制定的各有关方面，利用和发挥技术路线图上述功能，以其来指导各自的工作，无论在技术项目研发、研发路径的选择，还是在科技管理、市场营销、政策制定、投融资方案的论证选择、人才培养、各种资源配置等方面均可发挥较好的作用。

为了使人们更深刻、具体地理解本技术路线图制定的背景和内容，根据专家和有关领导建议，在本课题的研究过程中，增加了鹤壁市镁产业发展路线图研究的内容，并将成果编入本书（第2章第4节）。产业发展路线图和产业技术路线图是两个不同的概念。产业发展路线图研究的是产业发展的全方位、战略性的问题，而技术路线图研究的对象是产业技术领域的状况；产业发展路线图研究的逻辑起点或驱动力是“战略需求”，而技术路线图的逻辑起点或驱动力是“市场需求”；在结论上，产业发展路线图标识的是产业战略发展目标路径，而产业技术路线图标识的是技术研发需求路径。需要说明的是，鹤壁市镁产业发展路线图的研究，仅是在鹤壁市镁产业技术路线图研究过程中附带完成的，因此，无论从时间和各方面应具备的条件上，其成果也只能是简略和初步的，仅为日后对鹤壁市镁产业战略发展进行进一步研究抛砖引玉，作为领导、专家及同行们思考问题时的参考。

《鹤壁市镁产业技术路线图》编写委员会的各位领导对本路线图的制定给予了极大的关心和支持，他们亲自参加会议，提出了诸多很好的指导意见，这是本技术路线图得以顺利完成的重要保证。以吴秀铭为主任委员的专家指导委员会对制定过程中的每一个技术问题给予悉心论证把关，为技术路线图的制定能够顺利进行奠定了基础。

在编写过程中，工作组的同志进行了具体的分工：高自省负责提出编写大纲和统稿，并负责前言，第 1 章、第 9 章和第 2 章第 4 节的编写；张新海等同志负责第 2 章第 1～3 节、第 4 章、第 8 章和鹤壁镁产业技术路线图（总图）的编写绘制；吕玉荣等同志负责第 3 章、第 6 章的编写；白坤举等同志负责第 5 章、第 7 章的编写。为了《鹤壁市镁产业技术路线图》的质量和工期，他们在完成日常教学和科研工作的同时，不辞劳苦、加班加点，保证了技术路线图的顺利完成；他们在工作中勇于探索、攻坚克难、科学严谨、耐心细致，确保了技术路线图制定的水平和质量。

在《鹤壁市镁产业技术路线图》的制定过程中，我们以曾路、孙永明编著的《产业技术路线图原理与制定》为指导，并参考了国内诸多学者关于技术路线图基本原理的研究成果以及国内多个已制定完成的技术路线图案例，在此，对曾路、孙永明及上述成果所属的其他专家学者表示感谢。在编撰过程中，我们严格按照规定程序，并充分考虑鹤壁市镁产业发展的实际，其目的就是力求能使该技术路线图更好地服务、指导鹤壁市镁产业技术的发展，同时，也为其他区域的镁产业及相关产业的技术路线图的制定提供更有价值的参考。当然，由于编者水平有限，技术路线图制定本身又具有较强的开拓和创新性，不妥之处敬请赐教。

编 者

2014 年 6 月 12 日

目　　录

1 鹤壁市镁产业技术路线图制定的准备

1.1 技术路线图概述

1.1.1 技术路线图的定义

技术路线图虽然现已被广泛应用，但由于技术路线图主要作为实践工具，使用者的层面和经验各不相同，其表现形式或使用技巧也不一样，因此，至今还没有一个为各方接受的标准定义。即便如此，美国前总统科学技术顾问、哈佛大学教授伯兰斯科姆关于技术路线图的定义还是具有相对经典性的:“以科学知识和洞见为基础的、关于技术前景的共识。”其中强调了技术路线图是参与路线图制定各方充分交换意见，最后形成的一致看法，这种观点在美国是有代表性的。而在英国及欧洲的很多国家都更强调技术路线图制定过程中利益相关各方形成共识的过程。尽管有的强调过程，有的强调结果，还有的二者都强调，但大家都赞同技术路线图的基本内涵是对某一领域前景的看法以及为实现这个前景所用的手段方法。只不过，在实践中各个技术路线图制定的主体根据自己的不同需求“各取所需”罢了。

究竟什么是技术路线图呢？很显然，技术路线图是关于技术发展前景及实现方法与路径的描述，是由一张（组）图和一份总报告构成的一组文件组成。由于功能和用途不同，在实践中技术路线图可以被划分为多种类型：按目标不同技术路线图可被划分为战略规划、长期规划、项目规划、综合规划等类型；按格式不同技术路线图可被划分为多层次型、条型、表格型、图解型、绘画（树）型、流程图、单层次型等类型；按制定主体不同技术路线图又可被划分为政府包括中央和地方政府制定的技术路线图、行业（产业）包括全国和区域行业制定的技术路线图以及企业制定的技术路线图，其中政府、行业、企业制定的技术路线图从内容到形式各方面的侧重点都不完全相同。

1.1.2 技术路线图的发展历程

20 世纪 70 年代后期到 80 年代初期，美国摩托罗拉（Motorola）和康宁（Corning）两个公司先后采用了绘制技术路线图的方法进行管理。1987 年，摩托罗拉芝加哥研发公司技术规划主管威尔亚德（Willyard）和该公司技术规划协调员麦克莱利（McClees）合作，在美国《研究管理》杂志上发表了论文《摩托罗拉技术路线图过程》，第一次使用了技术路线图这一概念，总结了摩托罗拉技术路线图的两种类型并分析阐述了业务现状等 8 个部分的基本内容，提供了一个完整的技术路线图样本。该论文的发表，标志着技术路线图这一新兴工具的诞生。20 世纪 90 年代到 21 世纪初，技术路线图迅速在欧美多数国家多个领域应用开来，不仅被应用于企业的技术决策、产业规划，更被越来越多地应用到国家政府或军事的战略规划当中。

同国外相比，技术路线图在国内起步较晚。从 2004 年起，开始有人在国内刊物上对技术路线图作为研发管理工具进行研究和探讨，对技术路线图的概念、特点、作用、分类及其绘制方法进行了概念性介绍。2004 年 10 月，国务院发展研究中心国际技术经济研究所顾钢发表了《国外氢能技术路线图及对我国的启示》一文，在开发氢能方面提出一系列的建议，其中包括“制定目标明确的氢能源开发路线图”。此后，技术路线图方法在我国逐渐由概念引入走向实践阶段。2007 年广东省率先开展了《广东省建筑陶瓷技术路线图》等七个领域的技术路线图的制定工作，到 2008 年，上述领域技术路线图制定工作基本完成。至此，技术路线图在我国作为一种科技创新管理的工具，开始在政府科技管理中得到应用。接着，广东省又在金属镁、纺织等多个领域推广技术路线图，收到了良好的效果。其他如湖北、四川、河北等全国大多数省、市、自治区，在多个领域也开始使用技术路线图进行科技管理。我国国家技术路线图于 2007 年起步开始进行研究，并于 2008 年出版了阶段性的成果：《中国技术前瞻报告：国家技术路线图研究（2006 ~ 2007）》。

技术路线图产生至今不过二十多年，实践已经证明其在科技管理中的意义和价值，我们应继续不断努力，实现理论上的创新和实践上的发展，创造一条符合中国国情的技术路线图应用之路。

1.2 鹤壁市镁产业技术路线图制定的准备工作

鹤壁市镁产业技术路线图在鹤壁市科技局的部署与指导下，由鹤壁职业技术学院化工与材料工程学院负责项目的具体实施，于 2009 年 12 月开始启动，项目组人员赴广东参观学习；按照技术路线图制定的规范要求，组织专家和秘书团队；就技术路线图的基本理论组织进行学习、研究和培训。鹤壁职业技术学院还首先在院内立项，对鹤壁市镁产业技术路线图制定过程的基本问题进行了研究和初步论证，为鹤壁市镁产业技术路线图制定的正式启动做好了准备。

2012 年 1 月，鹤壁市镁产业技术路线图正式由鹤壁市科技局正式立项。鹤壁职业技术学院化工与材料工程学院的镁产业技术路线图专家、秘书团队在前边工作的基础上，对鹤壁市镁产业技术路线图制定过程中的一系列具体问题进行了进一步悉心研究和论证。这些问题主要包括：区域产业技术路线图制定过程中的一些基础理论问题、鹤壁市镁产业技术路线图制定的愿景、工作任务、产业边界范围的界定、基本流程、主要过程以及在镁产业技术路线图制定过程中使用的主要方法等。通过上述研究和论证，使其对鹤壁市镁产业技术路线图的制定有了进一步的认识，为制定一个比较规范的高质量的《鹤壁市镁产业技术路线图》奠定了基础。

1.3 鹤壁市镁产业技术路线图制定的愿景

根据鹤壁市镁产业发展的实际需求和技术路线图这一工具的特点，鹤壁市镁产业技术路线图制定的愿景如下：

（1）描绘出鹤壁市镁产业技术发展的路径。这是制定鹤壁市镁产业技术路线图的基本愿景。通过在制定鹤壁市镁产业技术路线图过程中对市场需求、产业目标、技术难点以及相关专利、标准的分析，对技术研究项目的研究论证，描绘出鹤壁市镁产业各主要技术领域的技术研发项目的发展路径，包括时间节点、风险状况以及研发主体、模式等，为鹤壁市镁产业技术的发展提供了一个清晰可鉴的路径。

（2）营造出鹤壁市镁产业技术发展的顺畅的沟通与合作机制和氛围。从理论上说，制定技术路线图，其重要意义不单在于描绘出技术发展路径，还在于通过制定技术路线图的过程，营造顺畅的沟通与合作机制和氛围。在这一点上，世界各国在技术路线图制定实践中虽有不同的认识，但通过专家学者、一线技术人员、政府官员、产业协会人员、产业链上下游相关人员在一起反复切磋研究、沟通信息，可以在相关产业发展中形成多方面的共识和发展合力这一点上，大家的认识则是共同的。根据世界各国和我国各地制定技术路线图的经验，往往是技术路线图研究制定完成之日，即“官产学研”战略联盟形成之时。通过制定《鹤壁市镁产业技术路线图》，也必将形成鹤壁镁产业技术发展的长效沟通机制。

（3）形成鹤壁市镁产业技术发展的规范性文件。技术路线图是一种规范化、程序化、科学化的工具。技术路线图制定的过程，实质上是对市场需求、产业目标、技术难点、研发需求等一系列问题，按照规范化、程序化、科学化的方法进行论证的过程。其结果也不以任何个人意志为转移，因而具有相对客观性和科学性。同时，由于其涉及面较宽，适用范围也就比较广。无论科技管理、企业管理、投资管理、一线技术人员、产业链上的各相关人员，都可以将《鹤壁市镁产业技术路线图》作为自己决策的依据或参考和发展的向导。

1.4 鹤壁市镁产业技术路线图制定的工作任务

鹤壁市镁产业技术路线图制定的工作任务有：

（1）进行鹤壁市镁产业市场需求分析。通过分析产业现状、地位，进而对鹤壁市镁产业市场需求要素进行分析和排序，并对鹤壁市镁产业及各主要领域进行态势（SWOT）分析，即对优势、劣势、机遇、威胁进行具体分析。通过以上分析，使我们对鹤壁市镁产业的外部、内部状况有一个清晰的认知。

（2）进行产业目标分析。在确定产业目标要素的同时，通过分析论证以及市场要素与产业目标要素关联分析，确定鹤壁市镁产业目标的最终排序。

（3）进行技术难点分析。在对技术现状及技术组成、产业目标量化、技术标准等分析基础上，分析确定产业链上各主要领域的技术难点，并通过产业目标与技术难点的关联分析，确定技术难点重要性的排序。

（4）进行研发需求分析。在对技术难点分析的基础上，分析研究确定研发需求项目以及重要性级别、时间节点及技术研发路径。

（5）通过以上分析，将其过程和结果编制成《鹤壁市镁产业技术路线图总报告》。

（6）绘制《鹤壁市镁产业技术路线图》。在以上分析论证的基础上，首先编制鹤壁市镁冶炼（硅热法）与熔炼技术路线图、鹤壁市镁及镁合金铸造成型技术路线图、鹤壁市镁合金塑性成型技术路线图、鹤壁市镁合金与产品开发技术路线图、鹤壁市镁及镁合金产品分析检测技术路线图。在此基础上，绘制鹤壁市镁产业技术发展专项分析路线图，即鹤壁市镁产业技术发展研发需求路线图、鹤壁市镁产业技术发展风险-利润路线图、鹤壁市镁产业技术发展模式路线图。最后汇总以上成果，根据技术路线图的格式和规范，编制成《鹤壁市镁产业技术路线图》。

（7）对《鹤壁市镁产业技术路线图》的适用、管理与修订等问题提出建议。

1.5 鹤壁市镁产业技术路线图产业边界范围的界定

1.5.1 界定鹤壁市镁产业技术路线图产业边界范围的基本思路

在技术路线图制定过程中，产业边界范围界定是一个非常复杂的问题，涉及诸多理论与实践问题。尤其是鹤壁市的镁产业发展经历了较复杂的过程，其现状又存在着诸多矛盾与问题，诸如鹤壁市镁产业内部结构等。这些，都为鹤壁市镁产业技术路线图产业边界范围的界定带来一定的难度。

鹤壁市镁产业技术路线图产业边界范围的界定以模块化的方法进行，即从资源开发到终端产品整个过程划分成若干个具有相对独立功能，又与其他部分有着有机联系的产业模块。同时，又考虑到鹤壁市的相关产业发展战略、相关产业资源状况、产业发展现状以及一定市场需求下的产品发展趋势等。经过查找资料，广泛调研，反复征询专家意见，最后确定了鹤壁市镁产业边界范围及相关的技术领域。

1.5.2 鹤壁市镁产业技术路线图产业边界范围

鹤壁市镁产业技术路线图产业边界范围及对应的技术领域如下：

（1）镁冶炼（硅热法）及镁合金熔炼：包括从白云石经过硅热法冶炼到合金化熔炼的整个过程。从金属镁冶炼到合金化熔炼的短流程之路，既是产业发展的方向，又是现大多数企业努力的方向或现有做法。

（2）镁及镁合金铸造成型：包括以压铸为主的所有液态成型技术领域。

（3）镁合金塑性成型：包括各种镁合金塑性成型技术领域。

（4）镁及镁合金应用与产品开发：包括产品开发技术领域方面，如焊接、表面处理等，也包括鹤壁市镁及镁合金传统的优势产品，如牺牲阳极、镁粉等，以及镁及镁合金新产品的开发与优化。

（5）镁及镁合金产品分析检测：包括各类镁基产品和镁及镁合金生产过程中的分析检测。

需说明的是“装备制造”已包括在上述各自领域，因此不再单列。

鹤壁市金属镁产业链及相关技术领域如图1-1所示。

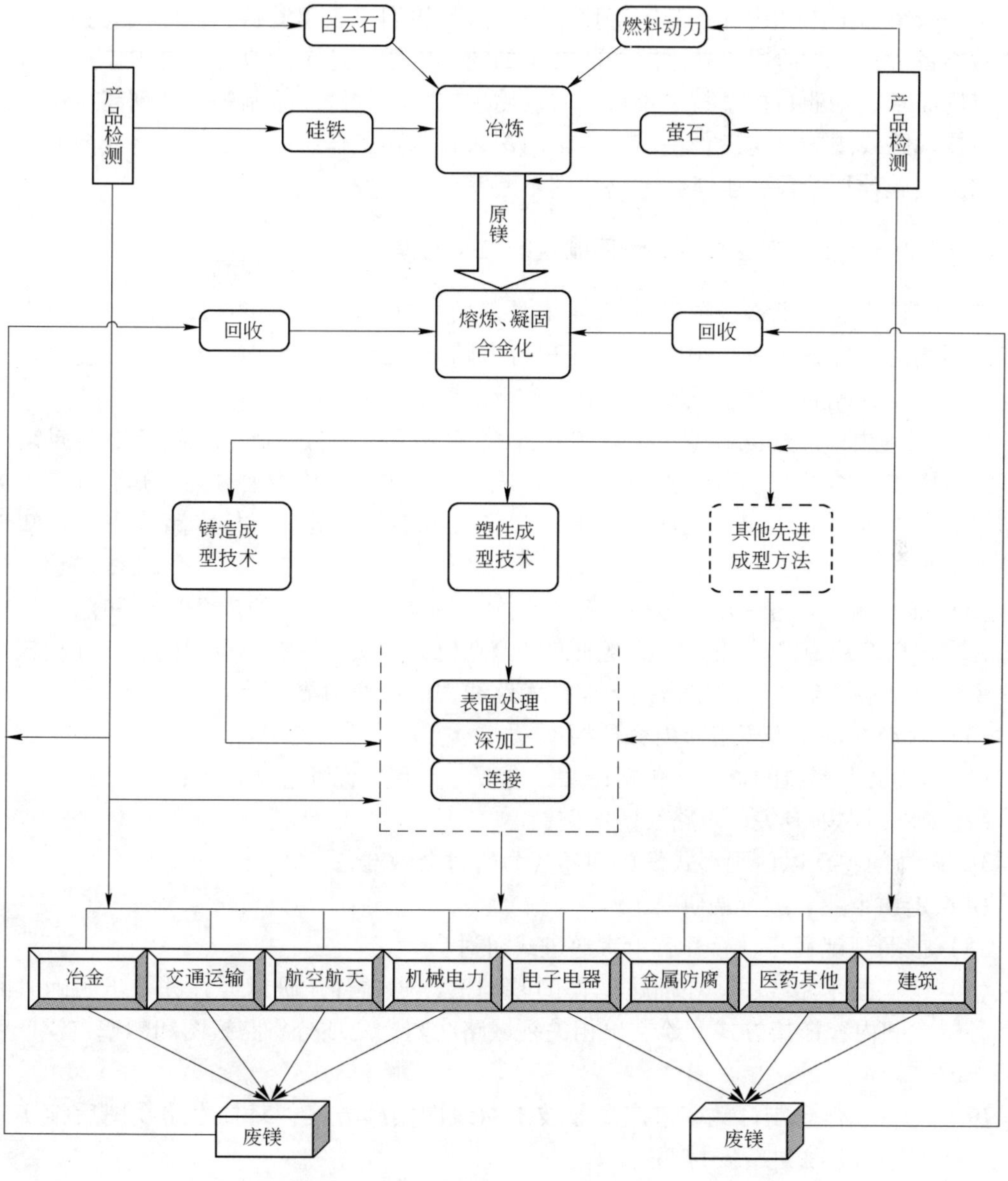

图 1－1 鹤壁市金属镁产业链及技术领域示意图

1.6 鹤壁市镁产业技术路线图制定的基本流程

1.6.1 概述

技术路线图自 20 世纪 80 年代后期产生以来，人们在实践中不断探索完善，逐步形成较为规范、完善的工作流程。21 世纪初传入中国，广东省率先将其在区域产业领域运用，取得了较好的效果，也使得技术路线图制定的工作流程进一步规范化。

一般来说，技术路线图制定流程可分为三个阶段，即“准备”、“开发”、“修正”。

准备阶段的主要工作包括确定技术路线图制定工作的领导者、秘书团队和参与者，确定产业技术路线图的范围和边界，制定工作方案、人员培训、收集资料、设计问卷、为召开研讨会做准备等；开发阶段是技术路线图制定的核心阶段，这个阶段的主要工作是通过召开产业市场需求、产业目标、技术难点，研发需求，技术路线图绘制等一系列高质量的研讨会，将技术路线图的制定工作一步一步推向深入；修正工作阶段就是技术路线图的后续修订和制定实施计划阶段，也是技术路线图不断完善的过程。

1.6.2 鹤壁市金属镁产业技术路线图制定的工作流程

鹤壁市镁产业技术路线图于2012年1月正式立项，至2012年6月为鹤壁市镁产业技术路线图制定的准备阶段，2012年7月开始为鹤壁市镁产业技术路线图的开发阶段，时间为大约一年，此后为修正阶段。主要工作及流程如下：

（1）明确主体。成立鹤壁市金属镁产业技术路线图编制委员会、鹤壁市金属镁产业技术路线图工作委员会，明确主要负责人。成立了以中国镁协主要领导、知名专家参加的专家（顾问）组和秘书组，在此基础上，对秘书组相关人员进行技术路线图基本知识和理论的培训。

（2）确定客体。进一步确定鹤壁市金属镁产业技术路线图的产业边界和范围。在这个过程中，曾多次召开论证会，反复征询专家意见，多次听取有关领导的意见和建议，历经3个多月，最后确定了鹤壁市镁产业技术路线图的产业边界和范围。

（3）启动准备。主要工作内容包括：

1）相关文件资料的查阅：包括论文、专著、专利、标准、文件等；

2）分析国内外有关技术路线图案例；

3）设计问卷，以信函形式发放问卷，为研讨会做准备。

（4）走访企业、进行调研。

（5）按照规定程序，召开若干次递进式研讨会。

（6）编制技术路线图。在前边工作的基础上，通过召开研讨会，进一步明确时间节点和各层次间内容链接方式，绘制出相关领域路线图、专项分析路线图和鹤壁市镁产业技术路线图。

（7）修订工作。制订鹤壁市镁产业技术路线图实施方案，对技术路线图后续实施和修正工作程序与办法进行安排部署。

1.7 鹤壁市镁产业技术路线图制定的方法论及主要方法

1.7.1 鹤壁市镁产业技术路线图制定的方法论

鹤壁市镁产业技术路线图的制定，以曾路、孙永明编著的《产业技术路线图原理与制定》为指导，即在基本编制原理、主要流程、组织方式等方面均按照该书要求来开展工作。技术路线图制定工作组主要负责人曾于2009年12月14日在广东省科技厅计算中心会议室与曾路先生进行座谈，并就产业技术路线图制定过程中的诸多问题进行了当面请教，曾路先生一一做了解答和指教。此举，对鹤壁市镁产业技术路线图的制定起到了很好的指导作用。

在技术路线图编写过程中，参考了苏竣等译的由罗伯特·哈尔等人编著的《技术路线图——规划成功之路》的部分内容，还参考了近年来国内诸多刊物上发表的相关论文。

在技术路线图编制过程中，学习研究了广东镁、铝、制糖产业节能减排、建筑陶瓷等技术路线图案例，均给以较大启发。

1.7.2 技术路线图与传统计划类文件在制定方法上的区别

技术路线图属计划类文件，具备传统计划类文件的所有特征，如计划性、可行性、指导性等，但与传统计划类文件相比又有很大区别：（1）传统计划类文件和技术路线图二者制定的主体不同。传统计划类文件都是决策者根据决策内容的需求而制定的，技术路线图则是由技术部门，从技术的角度和视野而制定的。（2）二者制定的思维方式不同。传统计划类文件制定的逻辑起点是“总体目标”，制定传统计划类文件的过程，实质上就是将“总体目标”根据部门实际情况进行具体的分解细化、落实的过程，而技术路线图制定的逻辑起点是“市场需求”，从市场需求这个驱动因素中发现产业目标，进而找出技术难点和研发需求及路径，最后绘制成技术路线图。（3）二者制定的工作方法不同。传统计划类文件制定过程中的一切行为的终极目标都是为了使计划类文件更加符合决策者意图和有利于决策者意图的实现，因而，制定过程是相对封闭的，而技术路线图制定过程是完全开放的，其核心是召开一系列高质量的研讨会，通过研讨会有效地整合资源和信息，对技术路线图所面临的各重大问题进行决策和取舍。在研讨会现场主要是依据头脑风暴法集中专家智慧，对获取的信息做出理性评价和大胆的科学预测。可以说，技术路线图中的每一项预测、每一个观点和判断都是包括专家和决策者在内的利益相关各方共同思考与智慧的结晶。至于作为个人，每一个个体的作用在其中都是微不足道的，至多只能对某些统计数据的偏差产生一些影响。（4）传统计划类文件与技术路线图的表达方式也不尽完全相同。主要是技术路线图采用“图示”的方法，将要表达的内容表达的更具体、形象、直观和生动。

上述关于技术路线图与传统计划类文件在制定方法上的区别的表述未必完全准确，何况技术路线图也在不断发展之中，但了解相互之间的区别，对于正确理解技术路线图的制定与功能肯定是有帮助的。

1.7.3 技术路线图制定基础理论的研究

为更好地对鹤壁市镁产业技术发展路径进行研究，编制出高质量的《鹤壁市镁产业技术路线图》，在赴广东学习、广泛参阅有关文献和论著的基础上，根据所承担的任务的特点，有针对性地对产业技术路线图的基本理论和方法进行探索，同时对《产业技术路线图原理与制定》中提出的一些基本原理进行深入研究，并取得了可喜成果，发表了一系列的论文。主要有：

《技术路线图——提高科技管理水平的有效工具》	鹤壁日报，2011－1－24
《技术路线图基本特征刍议》	鹤壁职业技术学院学报，2011(1－2)：73～75
《区域行业技术路线图产业边界范围的界定初探》	科技管理研究，2011（16）：120～122
《技术路线图基本规范初探》	鹤壁职业技术学院学报，2011(5－6)：18～21
《河南镁工业技术路线图制定初探》	中国镁业，2011（12）：10～13

《关于技术路线图沟通功能的思考》	科技管理研究，2012（18）：200～202
《技术路线图基本功能探析》	技术经济与管理研究，2013（10）：12～16

通过上述对技术路线图基础理论的研究，增强了技术路线图制定过程中的自觉性，为提高本技术路线图制定的质量奠定了基础。

1.7.4 鹤壁市镁产业技术路线图制定过程中适用的主要方法

技术路线图作为一种科技管理工具，能较快地为人们所接受，其中一个很重要的原因就是在技术路线图制定过程中，适用了一系列科学的、行之有效的工作方法。这些方法的应用，极大提高了技术路线图这一工具的精准性和可信度。按照技术路线图制定规范的要求，鹤壁市镁产业技术路线图制定过程的各个阶段，广泛应用了计算机技术，提高了工作效果和质量；将数学概念、方法引入制定过程，提高了分析、预测的准确性；将多种图形分析法引入，方便了对多对象或多属性体系进行整体性评价。

按照规范要求在制定技术路线图过程中，将使用头脑风暴法、德尔菲法、情景分析法、态势分析法（SWOT）等一系列方法。这些方法虽然并非技术路线图专有专用，而是人们在此前就已经应用了的成熟的方法，但技术路线图在制定过程中使用这些方法，增强了技术路线图的科学性，提高了技术路线图制定的质量，也逐渐使这些方法成为技术路线图制定规范的组成部分。

（1）头脑风暴法。头脑风暴法主要用于需要广泛征求意见召开有关研讨会的场合。头脑风暴法的主要特点与功能是通过在研讨会上自由畅谈，禁止批评与评价，相互启发、相互影响、取长补短，形成“头脑风暴”，以最大限度地获取较多的信息，为下一步论证奠定基础。

（2）德尔菲法。德尔菲法是通过若干轮匿名征求专家意见，经过几番归纳、统计、反馈的过程，最后使专家意见趋于集中，获得具有很高准确率的集体判断结果。在其运行过程中引入数学统计分析法，最后以文字、表格或直观图的形式表达来。德尔菲法与常见的专家开会集体讨论得出一致意见的方式相比，具有很大的优越性。

（3）情景分析法。情景分析法是依据一定的理论和步骤对技术路线图的研究对象或领域未来发展趋势进行分析、选择并做出判断，以此作为制定对策的依据。情景分析法在战略决策过程中是一种非常有效的方法。

（4）态势分析法（SWOT）。态势分析法（SWOT）是常用作内部态势的分析方法。SWOT 四个英文字母分别代表：优势（strength）、劣势（weakness）、机会（opportunity）、威胁（threat）。通过对以上四个方面按照一定的规则进行分析研究，对研究对象和竞争对手进行全面、系统、准确地把握，从而为制定相应的发展战略和对策奠定基础。在应用过程中，往往将调查论证的结果列举出来，并依照矩阵形式排列。

2 镁与打造“中国镁谷”

2.1 镁与镁合金特性

2.1.1 镁的性质

2.1.1.1 物理性质

镁是银白色、柔软有光泽、延展性好的轻金属，比强度和比刚度高，导热导电性能好，具有很好的电磁屏蔽性、阻尼性、减振性、切削加工性等，其物理性质见表2-1。

表2-1 镁的物理性质

性　质		数　值
元素符号		Mg
原子序数		12
相对原子质量		24.3050
熔点/℃		650±1
沸点/℃		1107±3
同 位 素		^{24}Mg　78.99 %（稳定） ^{25}Mg　10.00 %（稳定） ^{26}Mg　11.01 %（稳定） ^{27}Mg　(9.45min) ^{28}Mg　(21.0h)
原子直径/nm		0.32
密度/$g \cdot cm^{-3}$	室温	1.738
	熔点	1.584
晶体结构		密排六方晶格
六方晶胞		$a=320.94pm$；$b=320.94pm$；$c=521.08pm$；$\alpha=90°$；$\beta=90°$；$\gamma=120°$
电阻温度系数（0~100℃）		3.9×10^{-3}
电阻率/$n\Omega \cdot m$		47
热导率/$W \cdot m^{-1} \cdot k^{-1}$		153.6556
熔化潜热/$kJ \cdot kg^{-1}$		360~377
结晶时体积收缩率/%		3.97~4.2
再结晶温度/℃		150

2.1.1.2 化学性质

镁的核外电子排布为$1s^2 2s^2 2p^6 3s^2$，易失去2个外层电子，形成Mg^{2+}，标准电位为

-2.38V，化学性质非常活泼。镁能直接或间接与电负性较高的非金属元素，如卤素、氧、硫、氮、磷、氢等形成相应的化合物。

A 镁与氧化物反应

镁无论是固态还是液态均能与水发生反应。固态金属镁在冷水中反应进行得很慢，这是因为在表面形成的难溶氢氧化镁薄膜能阻止镁与水的进一步反应，随着温度升高，反应速度加快，$Mg(OH)_2$ 会分解为水及 MgO。在相同条件下，镁与水之间的反应，要比镁与氧之间的反应更激烈。当熔融镁与水接触时，不仅因生成氧化镁放出大量的热，而且反应产物氢与周围大气中的氧迅速作用生成水，水又急剧汽化膨胀，结果导致猛烈的爆炸，引起镁熔液的剧烈燃烧与飞溅。所以，熔炼镁及镁合金时，与熔液相接触的炉料、工具、熔剂均应干燥。镁与水的反应也是镁熔液中氢的主要来源，它与镁合金铸件的主要缺陷（缩松）的产生有密切关系。

实验证明，在干燥、纯净的 CO_2 中，低温时镁氧化速率较低，这与表面膜中出现了无定型碳密切相关。这种无定型碳存在于氧化膜的孔隙中，提高了镁表面膜的致密度系数。带正电荷的无定型碳，还能强烈抑制镁离子透过表面膜的扩散运动，故也能抑制镁的氧化。在干燥、纯净的 CO_2 中，在700℃左右镁熔液表面形成晶莹的有金属色泽的薄膜。此膜具有一定的塑性，但随着温度的升高，表面膜逐步变厚、变硬，致密度逐渐降低，随后发生开裂，失去保护作用，镁开始燃烧。此外，当 CO_2 中含有混合空气或水汽时，CO_2 气体的防护作用将下降。SO_2 与镁在镁熔液表面反应，生成很薄而较致密的带有金属色泽的 MgO、MgS 复合表面膜，可抑制镁的氧化，当 SO_2 从气氛中消失时，该表面就会破裂，镁熔液即发生燃烧。如果温度高于750℃，此时膜也将破裂，起不到保护作用，相反 SO_2 将与镁熔液发生强烈反应生成大量硫化物夹杂。在 SO_2 气氛下熔炼镁，有可能发生爆炸。

在高温下，镁能夺取许多金属氧化物中的氧，这类反应成为钢铁用镁脱氧和镁热还原法生产某些金属的基础；另外，在高温条件下，镁还能与其他氧化物发生反应。

B 镁与卤化物反应

目前国内外在熔炼镁合金中使用 SF_6 气体来防止镁熔液的氧化燃烧。在高温时，SF_6 与镁发生化学作用，表面膜中有 MgF_2 生成，使疏松的 MgO 膜转变为由 $MgO + MgF_2$ 组成的连续、致密的混合膜。因此，含 SF_6 的气氛有防止镁熔液氧化燃烧的作用。

镁还能与其他许多卤化物反应，例如利用镁还原卤化物制备钛、锆等。

C 镁的其他反应

镁还与部分含氧酸盐反应，酸可以溶解金属镁，镁不溶于碱的水溶液，但在高温和氢气流中能与碱作用。

2.1.1.3 腐蚀性能

A 化学腐蚀

镁在许多固态和液态化学物质中，具有良好的稳定性，镁在水溶液中的腐蚀速度受氢离子浓度的强烈影响；镁耐碱腐蚀，不耐酸腐蚀（低浓度和高温氢氟酸除外），铬酸腐蚀速度较低，但有氯化物或硫酸盐存在时，腐蚀加快。铬酸盐和磷酸盐形成膜，在温度不高时阻止腐蚀进行。镁耐 pH≥10.2 的纯碱溶液腐蚀，低浓度（甚至加热到沸点）碱液不腐蚀镁（焦磷酸盐除外）。镁在60%的氢氧化钠溶液中，溶液温度在60℃时可耐腐蚀，但当温度升高时发生严重腐蚀；铁、铜、镍等杂质是镁在盐水中耐腐蚀性变化的原因。

B 非水腐蚀

有机化合物通常轻微或不腐蚀镁，大多数醇对镁的腐蚀程度不很严重，但无水甲醇强烈腐蚀镁，添加1%的亚硫酸氨可以减缓这种腐蚀。

C 气体腐蚀

干燥的氯、碘、溴和氟对镁的腐蚀不严重，但有水存在时腐蚀加快。二氧化硫、氨和含氟的制冷剂，在无水条件下也不腐蚀镁。

D 电化学腐蚀

镁与标准氢电池比较的工作电压是 -2.38V 左右，因为氢氧化镁保护膜造成电压损失，添加合金元素通常会使电位变得更正。

2.1.1.4 力学性能

镁的强度和刚度好于塑料，伸长率和冲击抗力好于压铸铝合金，它的性能质量比（性能/密度）要好于大多数常用材料。镁的力学性能见表2-2和表2-3。

表2-2 20℃时镁的力学性能

物料状态	强度极限数 /kg·mm^{-2}	相对伸长率 /%	屈服点 /kg·mm^{-2}	相对收缩率 /%	布氏硬度 /MPa
铸镁	11.5	8.0	2.5	9.0	294
变形镁	20.0	11.5	9.0	12.5	352.8

表2-3 高温下镁的力学性能

温度 /℃	铸镁		变形镁				
	强度极限数 /kg·mm^{-2}	相对伸长率 /%	强度极限数 /kg·mm^{-2}	相对伸长率 /%	屈服点 /kg·mm^{-2}	相对收缩率 /%	冲击韧性 /kg·mm^{-2}
100	9.5	18	—	—	—	—	—
200	5.6	28	6	42.5	2.5	38.5	2.3
300	2.5	58	2	58.5	1.6	95.5	12.5
400	0.85	80	1	60.0	0.6	93.5	10.3

2.1.2 镁合金的特点

镁合金的特点有：

（1）较小的密度。镁合金的比强度要高于铝合金和钢铁、但略低于比强度最高的纤维增强塑料；其比刚度与铝合金和钢铁相当，但却远远高于纤维增强塑料。比强度（强度/密度的比值）、比耐力（耐力/密度的比值）则比铝、铁都要高。在实用金属结构材料中其密度最小（密度为铝的2/3，钢的1/4）。这一特性对于现代社会的手提类产品减轻质量、车辆减少能耗以及兵器装备的轻量化具有非常重要的意义。

（2）高的阻尼和吸震、减震性能。镁合金具有极好的吸收能量的能力，可吸收震动和噪声，保证设备能安静工作。镁合金的阻尼性比铝合金大数十倍，减震效果很显著，采用镁合金取代铝合金制作计算机硬盘的底座，可以大幅度减轻质量（约降低70%），大大增加硬盘的稳定性，非常有利于计算机的硬盘向高速、大容量的方向发展。

（3）良好的抗冲击和抗压缩能力。其抗冲击能力是塑料的20倍，当镁合金铸件受到冲击时，在其表面产生的疤痕比铁和铝都要小得多。

（4）良好的铸造性能，在保持良好的部件结构条件下，镁合金铸造制品的壁厚可以小于0.6mm，这是塑胶制品在相同强度条件下无法达到的，就是铝合金制品也只能在1.2～1.5mm范围内才可与镁制品相媲美。

（5）良好的尺寸稳定性。在100℃以下，镁合金可以长时间保持其尺寸的稳定性；不需要退火和消除应力就具有尺寸稳定性是镁合金的一个很突出的特性。其体积收缩仅为6%，是铸造金属中收缩量最低的一种。

（6）良好的机械加工性能。镁合金的切削阻力小，约为钢铁的1/10，铝合金的1/3，其切削速度大大高于其他金属；易进行切削加工而且加工成本低，加工能量仅为铝合金的70%。不需要机械磨削和抛光，不使用切削液也能得到优良的表面光洁度，在一次切削后即可获得，并极少出现积屑瘤。

（7）较高的散热性。镁合金具有较高的散热性，同时具有较好的热塑流动性，很适合现今利用其设计制作元件密集的电子产品。因为镁合金的导热能力是ABS树脂的350～400倍，因此在制作电子产品外壳或零部件时，应综合考虑其结构及热传导特性，使其充分发挥散热功能，将CPU等电子零部件产生的热量及时排出。若仅从笔记本电脑等产品的散热性角度出发进行考虑，由于镁合金传热快、自身又不容易发烫，则采用镁合金作笔记本电脑的外壳就无疑是个最佳选择。

（8）良好的电磁干扰屏障。镁合金具有优于铝合金的磁屏蔽性能、更良好的阻隔电磁波功能，更适合于制作发出电磁干扰的电子产品。也可以用作计算机、手机等产品的外壳，以降低电磁波对人体辐射的危害。

（9）低热容量。镁合金的热容量比铝合金小，因此不容易粘烧在模具上，延长模具寿命。

（10）再生性。废旧镁合金铸件具有可回收再熔化利用的特性，并可作为AZ91D、AM50、AM60的二次材料进行再铸造。由于对压铸件需求的不断增长，可回收再利用的能力就显得非常重要。这种符合环保要求的特性，使得镁合金比许多塑胶材料更具有吸引力。

另外，镁合金还具有抗疲劳性、无毒性、无磁性和较低的裂纹倾向性、不易破裂性等特点，可适合于某些特定领域。

2.2 国内外镁产业概况

2.2.1 金属镁产业的地位和优势

基于其优越的性能和丰富的储存量，镁及镁合金已经成为21世纪最有发展前途的绿色工程材料。镁合金作为结构材料，在汽车、电子、航空航天、国防军工等领域具有重要的应用价值和广阔的应用前景，被誉为“21世纪绿色工程材料”。镁是10种常用有色金属之一，其蕴藏量丰富，在地壳中的含量达到2.1%～2.7%，在所有元素中排第六位，是仅次于铝、铁、钙居第四位的金属元素，海水中的镁含量为0.13%（为$MgCl_2$和$MgSO_4$形态）。据估计全球金属镁矿产能可供人类使用1000年以上，镁资源可以说“取之不尽，用之不竭”，为今后镁工业的发展提供了良好的基础。

2.2.2 世界镁产业概况

20世纪50年代以前，镁的发展依附于军事工业；60年代以后，在民用和空间技术方面的应用得到发展；近十年来，在交通、电子及通信等领域应用逐渐增加，世界镁的消费也迅速增长。

全球（除中国外）曾有12个国家25个原镁生产厂，其中包括美国（4个厂）、加拿大（5个厂）、挪威、意大利、法国、前苏联（6个厂）、前南斯拉夫、日本（2个厂）、印度、巴西、朝鲜、以色列等。

2003～2012年世界主要镁工业国家原镁产量见表2－4。

表2－4 2003～2012年世界主要镁工业国家原镁产量 （万吨）

年份	以色列	哈萨克斯坦	俄罗斯	巴西	加拿大	美国	中国
2003	2.60	1.80	4.00	0.50	3.50	2.50	34.18
2004	2.80	1.60	3.50	1.50	5.40	4.30	44.24
2005	2.80	2.50	3.80	1.50	5.80	4.30	45.08
2006	2.80	2.00	3.60	1.50	4.70	4.30	51.97
2007	3.00	2.00	2.80	1.50	1.60	4.30	62.47
2008	3.50	2.00	3.50	1.20	0.20	4.30	63.07
2009	2.9	2.10	3.70	1.60	—	4.50	50.08
2010	3.00	2.00	4.00	1.60	—	4.50	65.38
2011	2.80	2.00	3.70	1.60	—	4.50	66.06
2012	3.00	2.10	3.70	1.60		4.50	69.83

注：数据来自中国有色金属工业协会年度快报。

20世纪90年代初，发达国家镁的需求量约25万吨，其中美国占一半。世界上大规模的供应商也在发达国家。随后的10年间，镁需求达到35万吨以上，与此同时，世界上镁的生产厂发生很大变化。美国最大的镁冶炼厂因1998年两次遭受自然灾害，退出镁冶炼领域。在中国低价镁且数量逐年增多的冲击下，挪威、法国等发达国家一些大型镁冶炼厂在竞争中也相继关闭。Norsk Hydro公司于2002年4月关闭了波尔斯可兰工厂，在中国西安市建设了镁合金厂；日本重化公司和宇部兴产公司相继退出，据2008年12月27日统计，除中国外，当时世界上仅剩5个国家（美国、俄罗斯、哈萨克斯坦、巴西、以色列）6个原镁生产厂，其余7个国家的19个厂均因各种原因关停。

2.2.3 中国镁产业概况

2.2.3.1 金属镁生产从无到有

1949年以前，我国虽然有丰富的炼镁资源，但在漫长的岁月里，由于帝国主义侵略和国民党的统治，我国的金属镁生产几乎处于空白状态。1954年，国家批准引进苏联菱镁矿氯化电解法炼镁技术，在抚顺铝厂建设年产3000t电解镁项目，被列为国家“一五”期间156项工程之一。抚顺铝厂的镁生产工艺是以菱镁矿氯化制取无水氯化镁，经电解生产金属镁。1957年底电解镁项目投产，新中国第一块金属镁锭出炉，抚顺铝厂成为我国第一家电解法炼镁生产企业，翻开了新中国镁冶炼工业的新篇章。

20世纪60~70年代，卤水炼镁试验蓬勃兴起，卤水是沿海制盐工业副产的老卤或盐湖氯化镁，其中含$MgCl_2$ 30%~33%，是世界炼镁工业的主要原料之一。1959年前后，我国已开始研究卤水脱水电解法炼镁的技术，1966年，郑州轻金属研究所接受国家科委下达的利用青海盐湖卤水炼镁试验任务。与此同时，沿海十余个盐场、盐化工厂同科研、设计、高校等单位的炼镁科技人员协作，广泛开展了卤水脱水与电解试验。1971年，青海盐湖研究所与郑州轻金属研究所合作，采用铵光卤石母液直接喷雾造粒沸腾脱水（省去结晶工序）及熔融脱铵的新流程，1974年经扩大试验获得良好的指标。1975年后，相关单位还进行了“卤水炼镁一次喷雾快速脱水工艺的研究”、“卤水白云石合成氧化镁及制团氯化试验”、“双极性多室电解槽扩大试验”和“一次脱水料（$MgCl_2 \cdot 2H_2O$）在氯化氢气氛下彻底脱水的探讨”。

20世纪60年代后期，我国又开展了硅热还原炼镁试验，硅热还原炼镁是以煅烧白云石为原料、硅铁为还原剂，在高温和真空条件下，使氧化镁还原成金属镁。我国主要采用皮江法（横罐外加热还原炉）炼镁，此法为加拿大皮江所发明，40年代开始用于生产，现称硅热还原炼镁。1959年，东北工学院进行的玻璃介质加热的用普通钢作还原罐的皮江法（横罐外加热还原炉）炼镁扩大试验，而后在鞍山市与通用机械厂合作，进行了年产50t镁规模的半工业试验，1962年通过了省级技术鉴定。60年代末至70年代，先后又在兰州炭素厂、清镇冶炼厂、南京白云石矿、自贡冶金研究所等单位开始了该外热法炼镁的扩大试验和半工业试验。其中，南京白云石矿和郑州轻金属研究所对该工艺过程和还原罐材质问题，从实验室到工业生产，共同进行了一系列的研究，1977年9月在南京白云石矿建成产能120t/a的镁车间，并解决了外热法炼镁应用于工业生产的关键问题。冶金部在1978年12月组织23个单位对该法做了技术鉴定，获冶金部1978年科技成果二等奖。1964~1966年，抚顺铝厂探索了熔渣导电炉、工频感应炉、上插石墨电极电阻内热炉以及卧式石墨板状电极电阻内热炉等多种还原炉的试验。自1968年以来，郑州铝厂、兰州炭素厂、清镇冶炼厂等单位也相继开展了工业试验和试生产。青海民和镁厂进行了半连续硅热还原炼镁工业试验，该法是在真空条件的熔渣导电内热电阻炉内进行，反应介质熔渣与还原剂硅铁之间进行多相反应，由贵阳铝镁设计院承担试验和设计工作。青海民和镁厂于1970年开始建设，设计产能5000t/a，1972年2月直径ϕ2.4m大还原炉投入试验，至1980年共进行426炉次试验，产粗镁164t。青海民和镁厂的这一热法炼镁工业试验是当时我国最大的炼镁试验项目，时间长、规模大、耗资多，由于技术诀窍和关键设备还没有掌握，致使产品成本高、经济效益差。

2.2.3.2 金属镁产业蓬勃兴起

我国改革开放后，计划经济向市场经济过渡，金属镁产业也蓬勃兴起。电解法炼镁在国家支持下继续得到发展。1987年11月，青海民和镁厂建成投产，采用钾光卤石脱水—电解镁工艺，产能为4000t/a，1992年完成二期扩建后形成7000t/a的生产能力，成为我国最大的电解法炼镁生产企业。在此期间，我国又先后建有4家电解镁生产企业，后因成本原因停产。

我国的皮江法生产起步于20世纪70年代末。1978年我国在郑州铝厂、兰州炭素厂、南京白云石矿进行过硅热法炼镁的工业性试验，后因成本比电解法还高而中止。1988年5月，沈阳铝镁设计研究院在总结国内试验的基础上，结合日本皮江法镁厂的实际情况，设计建成了我国第一家工业化规模的皮江法镁厂——湖北省通山县金属镁厂，设计产能500t/a。此后，我国硅热法炼镁工业得到了迅速发展。进入90年代，在国际市场的拉动下，我国原镁产量从1990年的0.58万吨迅速跃升到1999年的15.7万吨，成为全球最大的原镁生产大国，使全球原镁的战略格局发生重大改变，形成了我国以皮江法原镁生产和出口为主导的镁产业格局。而在镁产业形成初期的电解法炼镁企业则因成本问题逐步退出市场。

我国镁产量持续增长，自1999年起成为全球最大的金属镁生产国。我国原镁产量10年间以19.07%的速度增长，2012年我国镁产量达到了69.83万吨，占到全球总产量的75%。镁是近十年来中国有色金属增长最快的品种。目前陕西、山西、宁夏、河南等仍然是中国的原镁生产企业集中度最高的地区，2012年原镁产能产量国内各省区分布见表2－5。

表2－5　2012年我国不同省份原镁产能及产量　（万吨）

地　区	生 产 能 力	原 镁 产 量
陕 西	72.40	31.00
山 西	53.70	29.66
宁 夏	8.55	3.45
新 疆	5.00	2.30
内蒙古	5.00	0.61
吉 林	3.10	1.30
青 海	2.00	0.68
辽 宁	1.00	0.30
河 南	1.00	0.50
四 川	0.50	0.03
合 计	151.25	69.83

注：数据来自中国有色金属工业协会镁业分会。

为培育和发展新材料产业，推动材料工业转型升级，支撑战略性新兴产业发展，加快走中国特色的新型工业化道路，工业和信息化部2012年制定了《新材料产业"十二五"发展规划》。规划中明确提出加快镁合金制备及深加工技术开发，推进其在汽车零部件和轨道列车等领域的应用，预计到2015年，中国将形成15万吨高强镁合金压铸及型材和板材的生产能力。

2.3 鹤壁市镁产业的历史和现状

2.3.1 鹤壁市镁资源

鹤壁白云岩资源储量大，目前已普查探明储量7.1亿吨，仅田沟、施家沟两处矿区已勘探储量1.38亿吨。资源品位高，氧化镁含量平均在21%以上，铁、铜、硅等杂质元素含量低，适合生产低锰、低铁、低硅高纯镁，镁纯度可达到99.98%，在全国同行业具有较强竞争力。利用鹤壁白云岩资源可生产（一次还原成）高品质系列化金属镁，符合金属镁深加工产品国际标准要求，在全国同行业产品中具有独特性。

2.3.2 鹤壁市镁产业发展历史

鹤壁市金属镁产业的发展，用一波三折形容并不为过。纵观鹤壁市金属镁产业的发展，大致可分为六个阶段：

（1）初级发展阶段。1994年前，鹤壁市金属镁冶炼企业仅有3家，年产量800t，投资规模1000万元。

（2）大干快上阶段。1994年至1995年末，由于受金属镁市场高额利润的诱使，鹤壁市国有、集体、个人、政府部门、金融部门，甚至外商纷纷投资兴建镁厂，使鹤壁市出现了“大干快上，遍地冒烟”的状况。全市金属镁企业达到77家，总投资约3.6亿元，年产能力3.8万吨。

（3）遭受重创阶段。1996年至1999年上半年，由于受市场价格因素制约和鹤壁市缺乏规划的“一哄而起”和“盲目大上”，全市有27家企业关闭、破产，具备生产能力的企业50家。这50家企业总投资3.06亿元，总设计能力3.06万吨。除物华镁业公司、华淇镁业公司、四季金属冶炼公司、龙翔镁业有限公司、宏扬镁制品有限公司等少数镁锭生产企业开了部分炉子勉强维持生产以外，其余大部分企业都处于停产状态。鹤壁市投入的大量资金沉淀，多年来难以发挥效益。

（4）恢复发展阶段。1999年下半年至2000年，鹤壁市经贸委为落实市委、市政府“工业富市”的指导思想和调整产业结构、盘活存量资产、启动半拉子工程和停产、半停产企业的要求，重视和扶持金属镁产业，使全市金属镁产业启动和恢复生产。市经贸委把启动鹤壁市金属镁产业放在重要议事日程，成立了专门调研小组，在认真摸底调研的基础上提出恢复生产的指导意见；多次召开主任办公会议，专题研究鹤壁市金属镁产业的启动和发展问题；采取多种措施，狠抓龙头企业，以龙头企业引导和带动相关企业，使鹤壁市具备生产能力的50家金属镁企业在一年内逐步启动和恢复了生产，出现了较好发展势头。一些企业为此开始加大投入，进行新建和扩建项目，金属镁企业成为鹤壁市2000年工业增加值增长的一个主要新增点。2000年，全市50多户金属镁企业开工生产，总投入约4.6亿元，从业人数4000多人。

（5）面临转折阶段。2000年底，由于国内金属镁企业之间竞相压价，我国镁产品出口价格下跌，西方国家对我国部分镁产品进行反倾销立案调查，使我国镁产品出口再次受挫。受整个国际市场形势的影响，特别是受价格因素的制约，鹤壁市金属镁企业有60%左右再次处于停产状态，维持生产企业也存在严重的开工不足，有的企业积极投入镁合金等项目的研究与开发。鹤壁市金属镁企业发展出现暂时困难，面临新的转折。

（6）大力提升阶段。近年来，在市委、市政府的正确领导下，全市上下围绕建设全国重要的金属镁生产加工基地的战略目标，坚持市场主导和政府引导相结合，积极调整产品结构，拉长产业链条，做大做强龙头企业，金属镁产业取得了长足进步，形成了加快发展的良好基础。现拥有独立知识产权60余项，先后获得各种奖项30余个，2006年，鹤

续表 6－2

序号	标准编号	标准名称	备注
3	GB/T 5156—2003	镁及镁合金热挤压型材	
4	GB/T 26414—2010	轧镁合金	
5	YS/T 495—2005	镁合金热挤压管材	
6	YS/T 697—2009	镁合金热挤压无缝管	
7	YS/T 698—2009	镁及镁合金铸轧板材	
8	YS/T 588—2006	镁及镁合金挤制矩形棒材	
9	GB/T 待定	镁合金热挤压安全生产规范	计划制定的标准
10	GB/T 待定	镁合金轧制安全生产规范	计划制定的标准
11	GB/T 待定	镁合金铸轧安全生产规范	计划制定的标准

6.2.3 镁合金塑性成型的技术专利分析

通过中华人民共和国国家知识产权局官方网站检索镁合金塑性成型领域相关专利（2000～2012 年），共 583 项。

6.2.3.1 专利申请时间分析

图 6－3 所示为镁合金塑性成型领域 2000～2012 年发明专利的申请时间分布情况。从图 6－3 中可见，2000～2002 年，每年的专利申请数不足十项；2003 年，申请数量开始突破个位数，之后专利申请的数量不断增加，单 2012 年一年专利申请的数量就超过了 70 项。这一数据说明，人们越来越重视镁合金塑性成型领域的产品加工，对此领域的研究也越来越深入。

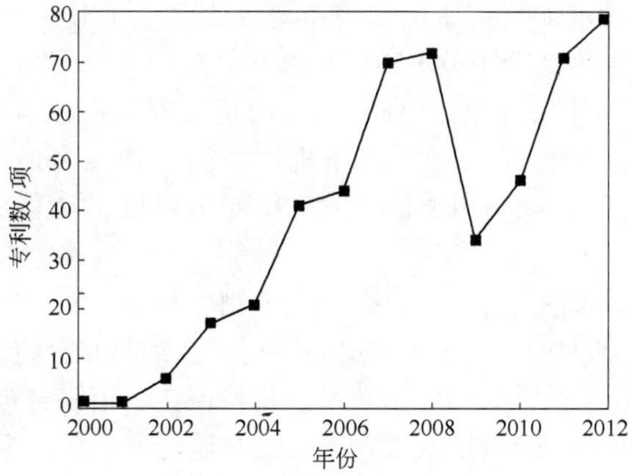

图 6－3 专利申请的时间分布

6.2.3.2 专利地域分析

该领域检索到的 583 项专利中，具体的地域分布情况如图 6－4 所示。

从图 6－4 可以看出，重庆、辽宁和江苏的专利所占比重较高，其次是上海和北京，

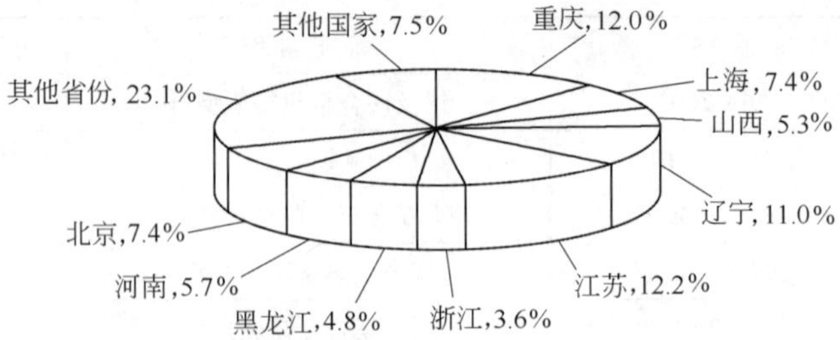

图 6-4 镁合金塑性成型领域专利地域分布情况

再次是镁资源丰富的河南和山西。而外国在我们国家申请的专利比重占到了 7.5%，主要是日本、韩国、德国、澳大利亚和美国等国家。

6.2.3.3 专利内容分析

在该技术领域公开的专利中，主要集中在镁合金挤压和轧制方面，而镁合金的拉拔、锻造和冲压方面相对较少。因为镁合金塑性差，挤压是三向受压状态，故镁合金可以发挥其最大的塑性，成型效果好，所以镁合金挤压方面的专利较多。

镁合金挤压技术专利主要涉及挤压工艺与模具和挤压新技术等方面，如申请号为 201010232765. X 的发明专利“镁合金连续挤压模”，公开了一种镁合金连续挤压模，挤压模采用左、右半模合模固定在一起，形成一正挤压通道、多个分流挤压通道，多个成型通道以及变通道角、等通道角的连续挤压模，该发明能够通过连续挤压提高镁合金变形挤压的工业化生产效率；申请号为 201010234073. 9 的发明专利“镁合金连续挤压变形方法”，公开了一种镁合金连续挤压变形方法，将经过均匀化处理的镁合金坯料依次以正挤压、转角 90°变通道角挤压、转角 90°等通道角挤压的先后顺序进行一道次单向连续挤压，形成连续流动挤压变形，该发明既能使镁合金的晶粒细化效果极其显著、使组织更均匀，还能通过加大挤压比和挤压速度提高工业化生产效率、降低生产成本、保证产品质量；申请号为 200910099591. 1 的发明专利“一种背压等通道往复挤压镁合金制备方法及其挤压模具”，涉及一种背压等通道往复挤压镁合金制备方法及其挤压模具，所述的制备方法应用了三向挤压液压机，经往复挤压多道次后取出试样，由于对试样的挤出方向采用了背压，同时降低了挤压变形温度，使得镁合金试样的性能和质量得到了有效改善。

镁合金轧制技术专利主要涉及镁合金薄板轧制、异步轧制、等径角轧制等技术和轧制装置方面。申请号为 200710165236. 0 的发明专利“超细晶镁合金薄板轧制技术”，涉及一种用于生产超细晶镁合金板带材的轧制技术，其特征在于把镁合金近终成型的铸轧薄板经过快速加热到热轧温度后，经首道次大变形量的热温轧制，再低温软化退火并以热辊轧机多道次冷轧至规定厚度，经控制热处理成为晶粒小于 10μm 的成品镁合金板，该发明的生产方法成本低、工艺流程短、产品质量高；申请号为 200910051635. 3 的发明专利“AZ31 镁合金异步纵横交叉轧制方法”，涉及一种金属轧制技术领域的 AZ31 镁合金异步纵横交叉轧制方法，其特征在于对待轧制合金进行标定，然后采用二辊异步轧机对合金进行第一次轧制，将第一次轧制后的合金再进行第二次轧制，轧制所得的 AZ31 合金晶粒平均尺寸为 10mm，优化轧制后的力学性能可以达到伸长率 16. 73%、屈服强度 249. 2MPa、抗拉强度 319.46MPa；申请号为 200710035530.X 的发明专利“制备高性能镁合金板材的等径角轧制方法及装置”，涉及一种制备高性能镁合金板材的等径角轧制方法及装置，是利用普通轧制变形产生的摩擦力提供动力，使板材连续通过两通道厚度相等且成一定夹角的模具实现连续剪切变形，该发明的工艺方法简单，能实现对大型板材的轧制和等径角变形加工，有效改善镁合金板材的组织结构，提高镁合金板材的力学性能及后续加工，特别是冲压成型性，实现该发明方法的装置结构简单、制造方便、性能可靠，适于工业化应用。

6.2.3.4 鹤壁市在该领域专利情况

图 6－4 中河南省在该领域的专利占到了 5.7%，但是鹤壁市的专利只有 4 项，其中发明专利也只有 2 项，这说明鹤壁市在镁产业链中镁合金塑性成型领域方面水平相对落后，缺乏专门从事镁合金研发的科研机构及成果转化基地。所以，应该加快建设能够支撑镁产业持续发展的技术研发平台，从而提高鹤壁市的竞争能力与知名度。

6.2.4 鹤壁市镁合金塑性成型的态势分析

通过对鹤壁市镁产业的特点、优势和劣势等进行详细深入的分析，凝练形成了鹤壁市镁合金塑性成型的态势（SWOT）分析，见表 6－3。

表 6－3 鹤壁市镁合金塑性成型的态势（SWOT）分析表

优势（内部） （1）镁产业起步早，基础好； （2）省、市政府发展镁产业的一系列政策； （3）交通便利； （4）拥有国家镁及镁合金质量监督检验中心	劣势（内部） （1）企业规模普遍较小，缺乏起到行业引领作用的龙头企业； （2）镁合金产品单一，现有产品的附加值不高； （3）挤压加工的技术及装备实力不够高； （4）企业布局分散，产业集中度低
机会（外部） （1）国际制造业加大对中国的投入，市场发展潜力大； （2）国家对镁深加工重视； （3）人们节能环保意识不断提高； （4）镁合金的优越性逐渐为人们所认同； （5）轨道交通、汽车等领域对镁合金的需求不断增长； （6）塑性成型符合精深加工的发展方向	威胁（外部） （1）原镁价格不稳定，对镁深加工构成威胁； （2）参与国际竞争的综合能力低； （3）铝、钢、工程塑料等材料的快速发展对镁合金应用构成威胁； （4）国内其他省份大力发展镁合金深加工，抢占市场份额

6.3 鹤壁市镁合金塑性成型产业目标的量化指标分析

产业目标要素“拓展镁合金在轨道交通、汽车、电子信息等领域的应用”、“发展挤压型材和镁合金板带材”和“降低生产成本”中涉及镁合金塑性成型方面可量化的指标主要有以下两个：

（1）挤压温度控制。挤压时，镁合金制品的挤压比一般为 10：1～100：1。镁合金的变形与温度密切相关，因为在挤压过程中，由于变形热和摩擦热的缘故，会使金属温度升高，从而使得挤压温度升高。一般来说，金属塑性变形时变形能的90% ~95%转变为热量。所以，必须控制好挤压温度才能获得良好的挤压效果。温度闭环控制法具有很好的发展前景，并且在国外已经应用。目前国内挤压温度控制还不能实现闭环控制，其温度波动比较大，温度精度控制在 ±20℃范围内，而国际先进水平已经达到的温度控制精度为 ±8℃。

（2）型材挤压速率。由于镁合金变形能力差，且变形过程复杂，使得其挤压速率不宜太快，因此无法与铝合金挤压速率相比。目前国内镁合金的挤压速率通常在2m/min以下，如实心型材的挤压速度一般在60 ~1200mm/min之间，而国际先进水平达到了4m/min以上，是国内挤压速率的2倍。

6.4 鹤壁市镁合金塑性成型领域的技术难点分析

6.4.1 技术难点要素分析

根据镁产业市场需求要素分析和产业目标要素分析并综合问卷统计结果，专家们提出了阻碍本技术领域发展的技术难点要素并分析了可能的形成原因，见表6 -4。技术难点要素判断值的计算方法与市场需求要素判断值的计算方法相同。

表6 -4 镁合金塑性成型技术难点及可能原因

序号	技术难点内容	重要值	可 能 原 因
1	镁合金塑性成型过程中的温控技术	8.68	镁合金散热快，可加工温度范围窄；在线温度测量困难；缺乏专用的热加工设备
2	塑性成型工艺参数匹配及控制技术	8.31	对镁合金塑性成型机理研究不成熟
3	镁合金挤压过程中的温控设备	8.22	温控技术不够成熟，研究开发不够深入
4	镁合金型材温矫技术	8.09	对型材温矫工艺研究不够深入并缺乏相应的设备
5	镁合金板材轧制和连续铸轧设备	7.89	在线检测与控制设备的研究不够深入
6	镁合金塑性成型模具设计过程中的数字化技术	7.76	模具与装备技术不成熟，加强对模具的数字化研究
7	轧制材料利用率和成品率低	7.34	轧制方式或工艺不够成熟，镁合金的轧制原理研究不够，锭坯质量差，缺乏相应的设备

6.4.2 技术难点要素与产业目标关联分析

技术难点的梳理和分析的目的是找出产业发展存在的问题和与之相对应的技术难点，将技术难点要素和产业目标要素进行关联分析并确定排序，可获得分阶段实现产业目标所需要重点突破的技术难点。关联分析结果及排序见表6 -5，表中判断值用“0 ~9”十级指标表示，其中“0”代表无关联关系，“9”代表关联关系最强，可有小数。

表 6－5　镁合金塑性成型技术难点和产业目标关联分析结果

产业目标要素及重要值		拓展镁合金在轨道交通、汽车、电子信息等领域的应用	降低生产成本	推动镁合金在新兴产业的应用	提高产品性能和质量，增强竞争力	建设国内权威、国际知名的镁和镁合金研发中心及成果转化基地	提高镁产业生产中的循环利用率，实现绿色制造	发展挤压型材和镁合金板带材	扩大产业规模，开拓高品质原镁及镁合金市场	关联评价值	优先顺序
		8.23	7.95	7.34	6.68	6.51	5.83	5.69	4.96		
技术难点要素及专家判断值	镁合金塑性成型过程中的温控技术	8.61	5.23	5.96	8.65	5.61	3.36	8.12	4.36	337.91	1
	塑性成型工艺参数匹配及控制技术	8.32	5.14	4.97	8.96	4.95	3.45	8.15	4.21	325.26	2
	镁合金挤压过程中的温控设备	8.02	3.25	3.71	7.41	4.13	2.24	7.96	3.36	270.48	3
	镁合金型材温矫技术	8.14	4.05	2.12	7.12	5.49	1.74	8.14	3.14	270.09	4
	镁合金板材轧制和连续铸轧设备	8.25	3.96	4.01	6.02	5.45	1.32	8.16	2.13	269.2	5
	镁合金塑性成型模具设计过程中的数字化技术	7.69	4.23	4.53	6.11	6.62	1.03	6.64	2.01	267.83	6
	轧制材料利用率和成品率低	6.12	6.98	4.02	5.21	4.56	3.25	5.23	2.31	260.02	7

6.5 鹤壁市镁合金塑性成型领域的技术研发需求分析

6.5.1 研发需求优先级别分析

为了突破鹤壁市镁产业链涉及的技术难点和关键技术，实现鹤壁市镁产业的愿景和产业目标，经过各专家深入研讨和综合问卷调查，凝练出鹤壁市镁产业的技术研发项目。研发项目的优先级由专家逐一评定，最终达成共识。路线图制定工作组进行统计后，将项目依据重要程度按高级、中级、一般的顺序对其进行了排序，见表6－6。研发项目排序的目的是为政府在项目立项和相关政策制定方面提供可靠的依据。

表6－6 镁合金塑性成型技术研发项目及优先级顺序

领 域	序 号	技术研发项目内容	优 先 级
塑性成型	1	大型、复杂截面薄壁件挤压技术	高级
	2	镁合金型材等温挤压工艺及模具的制造技术	高级
	3	镁合金铸－锻双控成型技术	高级
	4	快速挤压成型技术	中级
	5	镁合金型材矫直处理技术及装备	中级
	6	挤压过程数字模拟技术及模具设计	中级
	7	宽幅镁合金薄板轧制技术与装备	中级
	8	连续铸轧工艺及设备开发	中级
	9	镁合金塑性变形机理研究	中级
	10	“镦粗＋超塑性锻造”复合成型技术	一般
	11	新型高效镁合金塑性成型技术	一般
	12	高应变速率下超塑性加工成型技术	一般
	13	大型构件等温锻造技术	一般
	14	镁合金板料温冲压成型数值模拟技术	一般

6.5.2 研发需求项目时间节点分析

研发需求项目的时间节点分为0～3年、3～6年、6～10年三个节点，通过头脑风暴法研讨并最终经专家评定，14项研发需求项目的时间节点排序见表6－7。

表6－7 镁合金塑性成型研发需求项目时间节点

领 域	序 号	技术研发项目内容	时间节点/年
塑性成型	1	大型、复杂截面薄壁件挤压技术	3～6
	2	镁合金型材等温挤压工艺及模具的制造技术	0～3
	3	镁合金铸－锻双控成型技术	3～6
	4	快速挤压成型技术	3～6
	5	镁合金型材矫直处理技术及装备	0～3
	6	挤压过程数字模拟技术及模具设计	0～3

续表 6－7

领 域	序 号	技术研发项目内容	时间节点/年
塑性成型	7	宽幅镁合金薄板轧制技术与装备	3～6
	8	连续铸轧工艺及设备开发	3～6
	9	镁合金塑性变形机理研究	3～6
	10	“镦粗＋超塑性锻造”复合成型技术	6～10
	11	新型高效镁合金塑性成型技术	6～10
	12	高应变速率下超塑性加工成型技术	3～6
	13	大型构件等温锻造技术	6～10
	14	镁合金板料温冲压成型数值模拟技术	6～10

6.5.3 技术研发路径分析

以专家分析得出的研发项目，设计风险分析调查问卷。经路线图制定工作组统计计算，最终确定风险分析结果。研发主体分析是对上述研发需求项目进行组织实施主体的确认，分为由政府资助，由高校、科研院所和企业产学研合作共同实施以及由企业独立完成三种方式。通过对调查问卷的整理分析，得到绝大多数研发项目的研发主体都是由高校、科研院所和企业合作共同完成，少数研发项目的研发主体由企业独立完成。在技术发展模式分析中，依据研发项目在产业发展中可能出现的国内技术难点的制约和实施突破的方法，需要对完成研发项目的技术模式进行甄别，分为自主创新研发、国内技术合作以及国外技术引进。经过对专家的调查问卷进行整理分析，大部分研发项目均以国内自主研发为主要技术发展模式。技术研发路径具体分析结果见表 6－8。

表 6－8 镁合金塑性成型技术研发路径分析

领域	序号	技术研发项目内容	风险级	研发主体	研发模式
塑性成型	1	大型、复杂截面薄壁件挤压技术	低	企业	自主研发
	2	镁合金型材等温挤压工艺及模具的制造技术	低	企业	自主研发
	3	镁合金铸－锻双控成型技术	低	产学研	技术合作
	4	快速挤压成型技术	中	产学研	技术合作
	5	镁合金型材矫直处理技术及装备	中	产学研	技术合作
	6	挤压过程数字模拟技术及模具设计	低	企业	技术合作
	7	宽幅镁合金薄板轧制技术与装备	中	政府资助	技术引进
	8	连续铸轧工艺及设备开发	中	产学研	技术合作
	9	镁合金塑性变形机理研究	中	政府资助	技术引进
	10	“镦粗＋超塑性锻造”复合成型技术	高	产学研	技术合作
	11	新型高效镁合金塑性成型技术	高	政府资助	技术引进
	12	高应变速率下超塑性加工成型技术	中	政府资助	技术引进
	13	大型构件等温锻造技术	高	企业	自主研发
	14	镁合金板料温冲压成型数值模拟技术	高	产学研	技术合作

6.6 鹤壁市镁合金塑性成型技术路线图

通过整合专家们对鹤壁市镁产业在一定时间节点上的市场需求、产业目标以及在此基础上提炼出的技术难点和研发需求的分析，并结合相应的资源状况，按照技术路线图绘制的一般规范，绘制出鹤壁市镁合金塑性成型技术路线（见表6－9）。技术路线描绘了该技术领域的发展路径，同时，也是鹤壁市镁产业技术路线图（总图）的有机组成部分（见附图2）。

表6－9 鹤壁市镁合金塑性成型技术路线

项目	0～3年	3～6年	6～10年
市场需求	汽车及轨道交通等领域镁材需求的快速增长	（1）提高镁合金产品附加值； （2）提高镁产品性价比； （3）镁合金材料的应用领域不断扩展	（1）提高镁产品性价比； （2）镁合金材料的性能不断完善
产业目标	拓展镁合金在轨道交通、汽车、电子信息等领域的应用	（1）推动镁合金在新兴产业的应用； （2）提高产品性能和质量，增强竞争力； （3）拓展镁合金在轨道交通、汽车、电子信息等领域的应用； （4）建设国内权威、国际知名的镁和镁合金研发中心及成果转化基地	（1）发展挤压型材和镁合金板带材； （2）降低生产成本； （3）建设国内权威、国际知名的镁和镁合金研发中心及成果转化基地
技术难点	（1）塑性成型工艺参数匹配及控制技术； （2）镁合金塑性成型模具设计过程中的数字化技术； （3）镁合金型材温矫技术	（1）镁合金塑性成型过程中的温控技术； （2）镁合金塑性成型模具设计过程中的数字化技术； （3）镁合金板材轧制和连续铸轧设备； （4）镁合金挤压过程中的温控设备	提高轧制材料利用率和成品率
研发需求	（1）镁合金型材等温挤压工艺及模具的制造技术； （2）挤压过程数字模拟技术及模具设计； （3）镁合金型材矫直处理技术及装备	（1）大型、复杂截面薄壁件挤压技术； （2）镁合金铸－锻双控成型技术； （3）快速挤压成型技术； （4）宽幅镁合金薄板轧制技术与装备； （5）高应变速率下超塑性加工成型技术； （6）镁合金塑性变形机理研究； （7）连续铸轧工艺及设备开发	（1）“镦粗＋超塑性锻造”复合成型技术； （2）新型高效镁合金塑性成型技术； （3）镁合金板料温冲压成型数值模拟技术； （4）大型构件等温锻造技术
资源状况	技术： （1）鹤壁市在镁合金深加工方面刚刚起步； （2）鹤壁市相关技术的主要研究机构有：鹤壁市镁合金成型工程技术研究中心、产业联盟内的高校和相关的国家工程技术研究中心、各企业工程技术研究中心。 资金： （1）企业层面的项目由企业自身出资解决； （2）产业层面的项目由产业联盟组织、企业出资，研究成果本着谁出资谁受益的原则，由参与项目的联盟成员共同享有； （3）政府层面的项目由政府部分出资，产业联盟承担，组织相关企业联合出资、共同承担项目，成果归政府、联盟、企业三方共有		

7 鹤壁市镁及镁合金应用与产品开发技术路线图

7.1 镁及镁合金应用与产品开发的性质和在镁产业中的地位

在低碳、环保、可持续发展成为社会发展主题的今天，镁合金作为新型金属材料，迎合了社会发展的需要，逐步应用于汽车、轨道交通与装备、3C 产品、航空航天、军民用品等领域。但是，由于镁合金进入民用领域时间还很短，现有很多应用技术不成熟，镁合金产品数量也很少，开发新技术已成为镁产业发展的必然途径。镁及镁合金应用与产品开发、拓展镁合金产品的应用领域成为当前镁产业发展的重要内容，也必然是鹤壁市打造“中国镁谷”需认真经营的技术领域。根据镁产业发展的现状，镁及镁合金应用与产品开发所涉及的技术领域，除目前广泛采用的压铸与各种塑性成型技术外，主要指表面处理、焊接、新兴成型技术。此外，鹤壁市镁产业的传统产品为牺牲阳极和镁粉，其中牺牲阳极目前的制造技术比较成熟，主要是降低生产成本、开发产品种类、拓展市场。而对于镁粉，为了提高镁厂的经济效益，拓宽镁的应用领域，当前大多数镁厂开始考虑走冶炼加工一体化之路，开展镁的多样加工方式，其中进行镁粉（粒）的加工生产就是一个重要的方向，特别是随着喷射成型的发展，应用于脱硫、脱氧方面的镁粉及颗粒镁（镁粒）每年都在稳定增长。近年来随着科学技术的发展，特别是纳米技术的兴起，相应出现了颗粒状镁粉和粒度更细级的镁粉。如航空工业对超细镁粉粒度要求平均在 1μm 以下、密度在 0.05 ~ 0.2g/cm^3 范围内，主要作航空燃料的添加剂。镁粉的发展趋势也逐渐向超细、超纯和特殊形状的方向发展。

镁是所有工业合金中化学活性非常高的金属，镁的腐蚀电位较低，很容易产生腐蚀现象，点蚀是镁合金腐蚀的一大特点，因此防腐蚀性是镁材应用中首当其冲的问题。提高镁合金耐腐蚀性的途径主要有两大方面：（1）提高镁合金的纯净度；（2）采用各种表面处理方法，对镁合金表面进行防护处理。当前商业应用的镁合金表面处理方法主要为阳极氧化、化学转化膜以及镀镍，使得镁合金表面形成一层新的保护膜。表面处理是镁制品成为商品的重要一环，在产品应用中具有举足轻重的地位。

焊接是产品制造成本最低的成型手段之一。镁合金作为一种新型高性能结构材料，对它的重要要求之一是可焊性。然而镁合金的结晶温度区大、熔点低、化学活性大、导热系数和线膨胀系数高，导致镁合金在焊接过程中容易产生气孔、裂纹、夹渣、飞溅等缺陷。因此镁合金的焊接有很大困难，难以获得满意的焊接质量。为了拓宽镁合金的应用领域，许多研究人员对镁合金的各种焊接方法进行了大量研究，取得了一些重要成果，但仍存在一些问题。

近年来，为了进一步拓宽镁合金的应用领域，许多研究人员对镁合金的各种新兴成型技术进行了大量研究，取得了一些重要成果，解决了一些问题。目前，企业普遍追求的目标是降低成本、提高效率、节约能源，其重要技术手段是较多技术的组合，先进发达国家为此开发了铸挤、铸轧成型等技术，国内在这些方面也取得了长足的进步。

镁及镁合金应用与产品开发在镁产业中的地位如图 7－1 所示。

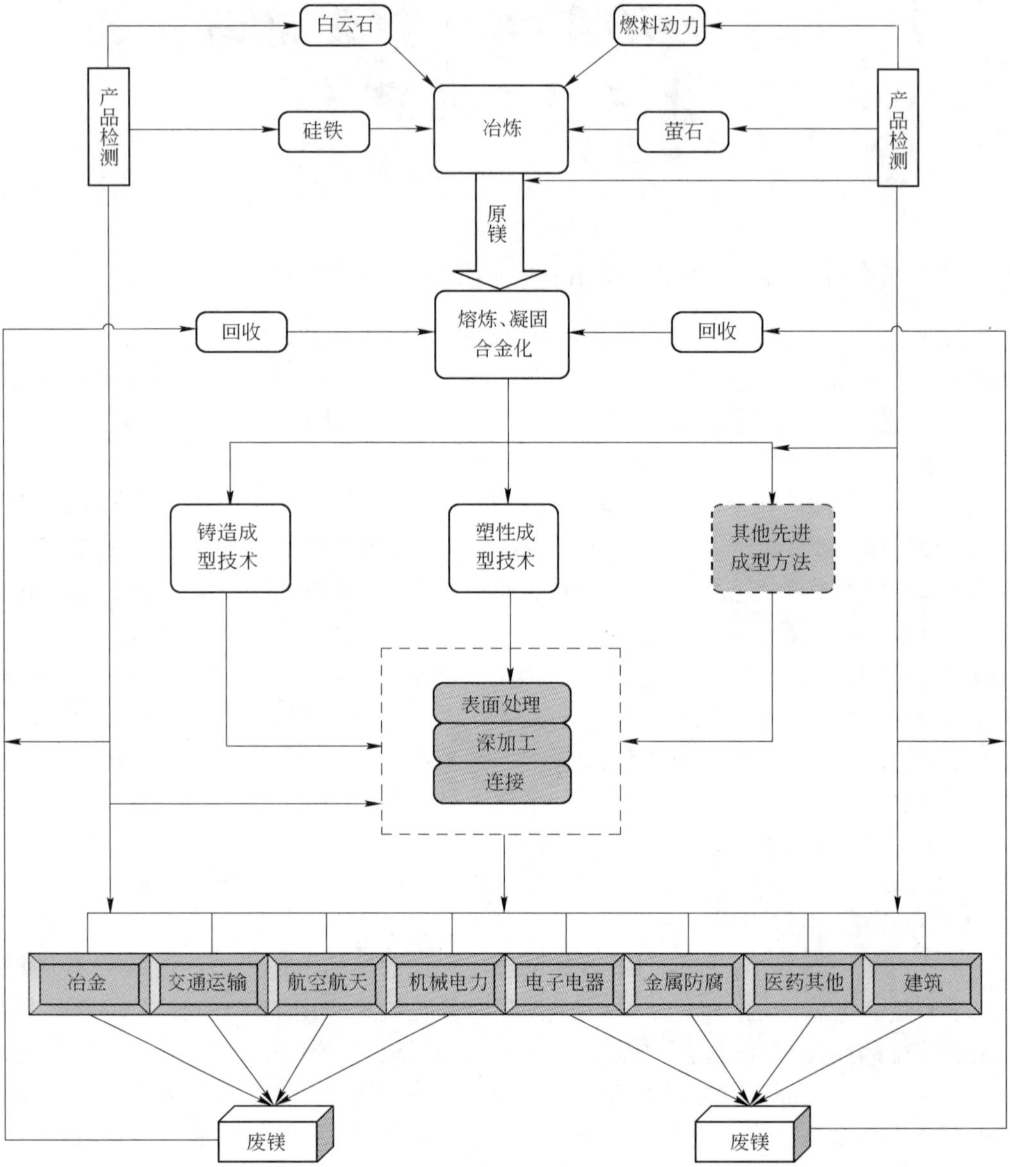

图 7－1　镁合金应用与产品开发在镁产业中的地位

7.2　镁及镁合金应用与产品开发领域的技术现状

7.2.1　镁及镁合金应用与产品开发的技术发展趋势

7.2.1.1　镁及镁合金产品与应用现状

国内镁合金产品的消费逐步兴起。以汽车、通信电子、航天航空为首的领域，正逐步拉动对镁合金产品的消费。中国镁合金产业正处于快速成长期，国内镁合金产品主要为低附加值的铸件，产品结构中复合材料、板带材比重相对较低，但在国家政策及行业发展要求下，未来行业将逐步进行调整，向高附加值的板带材、复合材料领域发展。

7.2.1.2 表面处理技术

A 化学转化膜法

化学转化膜法也称为化学氧化法，是镁合金表面防蚀处理的有效方法，主要有铬化处理和磷化处理两种方法（见表7-1）。但铬化处理液中含有六价铬，毒性大，寻求一种不含铬的无毒处理液将是以后发展的方向。磷化处理是镁合金防锈与涂层前处理中有发展前途的方法，有取代铬化处理的趋势。

表7-1 镁合金铬化、磷化处理配方

处理方式	溶液组成	配比/$g \cdot L^{-1}$	时间/s	温度/℃
铬 化	$NaHF_2$ $Na_2Cr_2O_7 \cdot 2H_2O$ $Al_2(SO_4)_3 \cdot 14H_2O$ HNO_3	15 120 7.5 90	30	20
磷 化	$NH_4H_2PO_4$ K_2MnO_4 H_3PO_4	100 20 pH值3.5	60~120	40

B 阳极氧化

阳极氧化也是镁合金最基本的一种表面处理方法，它是利用电解作用在金属表面形成氧化膜。典型工艺是20世纪50年代开发出来的Dow法和Hen法。

但普通镁合金阳极氧化膜空洞大、膜疏松、密度低，日本UBE公司针对此缺点开发出了UBE-5和UBE-2两种阳极氧化工艺；新西兰镁业技术有限公司开发出Anomag无火花阳极氧化工艺，此工艺生成的膜耐蚀性比普通膜好很多，且克服了镁合金的着色难题，把着色过程与阳极氧化相结合一步完成，是很有广阔前景的新工艺；德国AHC公司开发的Magxid-coat是一种硬质阳极氧化工艺，使用的电解液为微碱性，该工艺成膜均匀性很好，无论工件形状如何都可适用。

以上三种新工艺虽取得了不小的进步，但仍有一些问题，如Anomag工艺以氨水为电解液，需要良好的通风设备，会对环境造成危害；Magxid-coat电解液含有氟离子同样存在环境问题。

C 镀镍

镁合金化学镀镍有两种方法：一种是传统的陶氏浸镍；另一种是直接化学镀镍。前者工艺稳定，镀层效果较好，过去使用比较多，但由于含有铬离子，有一定的毒性，使用受到了限制；后一种方法由于工艺简单，毒性小，废水处理简单，镀层结合好，成为近年来的发展方向。

典型的直接化学镀镍工艺流程为：碱性除油→电解除油→浸蚀→氢氟酸浸蚀→化学镀镍→烘烤。

镁合金直接化学镀镍后，再根据需要电镀耐蚀金属的电镀方法已开始进入实际应用阶段，但大量生产中存在化学镀镍液稳定性不够好、镀耐蚀金属的镀液中通常含有氰化物达不到环保要求等问题，还有待改进。

D 新兴表面处理技术

微弧氧化技术是近年来备受关注的一种新型的金属表面处理技术。其原理是通过脉冲电参数和无重金属元素加入的电解液的匹配调整，在阳极表面产生微区弧光放电现象，进而在铝、镁、钛等金属表面原位生长出一层以基体金属氧化物为主的陶瓷层。

离子注入、激光退火和快速凝固是在镁合金表面形成一种无定型的表面结构膜。离子注入可以注入任何离子，深度一般在 50～500nm，优点是可以在表面形成一层新的表面合金，解决了在其他方法中存在的涂层表面与基体的黏结问题。激光退火主要是通过在金属表面形成亚稳态结构固溶体来提高镁合金的耐蚀性。通过快速凝固也能提高镁合金的耐蚀性，这主要归功于合金的均匀化和膜结构性质的改变。

7.2.1.3 连接技术

A 钨极氩弧焊

钨极氩弧焊（TIG）是目前广泛采用的焊接镁合金方法，是在惰性气体保护下，利用钨电极与工件之间产生的电弧热熔化母材和填充焊丝的一种焊接方法，可分为直流氩弧焊和交流氩弧焊。氩弧焊本身具有焊缝成型良好、钨极电弧稳定、氩弧焊设备简单、价格便宜等优点。但该方法也存在一定的问题，如单道熔深较浅、生产效率低；而且由于镁合金热膨胀系数大，还容易产生焊接裂纹、焊后变形等缺陷。此外，钨极氩弧焊的焊接参数对接头影响较大，如电流太小时会出现母材不熔化、未融合和未焊透等情况；电流太大时，母材变形大，易产生烧穿，焊缝出现组织过烧、气孔、裂纹等缺陷，有时虽然能形成表面光滑的焊缝，但内部仍有缺陷存在。在镁合金钨极氩弧焊的焊接接头组织研究方面，由于镁合金的导热系数大、散热快，可以促进焊缝区金属的快速凝固、细化晶粒，因此一般得到的焊缝区晶粒细小，属于典型的铸造急冷组织，但钨极氩弧焊时加热功率大，热影响区吸收的热量多，容易得到比较粗大的晶粒，属于典型的过热组织。出现以上组织特征主要与钨极氩弧焊焊接热循环过程和镁合金的物理特性有关。

一般来说，焊接电流对接头的力学性能有很大影响。镁合金的焊接电流越大，所需的焊接速度也越大，焊后接头的力学性能越好。但是如果电流过大，接头的力学性能反而降低。因此，焊接时应将电流控制在合适的范围内。所得接头热影响区晶粒粗大，硬度有所下降，而焊缝硬度与母材相当，接头强度和伸长率都低于母材。

B 激光－电弧复合焊接

激光－电弧复合作为焊接热源研究的热点方向，是伦敦皇家学院于 20 世纪 70 年代末提出的。利用激光与氩弧两种复合热源焊接镁合金，即通过焊接电弧形成熔池以提高材料对激光束的吸收率，同时借助激光束作用在材料表面形成的镁金属等离子稳定焊接电弧，实现镁合金较大深度的高速焊接。激光－电弧复合焊接（Laser-TIG）工艺克服了镁合金激光焊接时表面吸收率低的缺点。当激光束与熔融液态金属作用时，激光 90% 左右的能量被材料吸收，仅有少量激光束被反射掉。激光－氩弧焊复合热源焊接将激光焊与氩弧焊有机结合起来，充分发挥各自优点，进一步提高了其综合性能。

激光－电弧复合焊接的焊缝为明显的“图钉型”形貌，上部分为钨极氩弧焊焊接特征，下部分为典型的激光焊接形貌。焊接接头的熔深相对于氩弧焊和激光焊都有所增大，接头组织晶粒细小均匀基本无下凹现象。采用激光－氩弧复合热源焊能在较宽的工艺参数范围内工作，得到的接头成型美观，接头的拉伸强度、疲劳强度甚至能达到母材强度，但其焊接过程比较复杂，不便调节和控制且还存在焊接镁合金薄板时变形比较严重以及钨极在高温下易烧损、起弧不稳定等缺点。

C 搅拌摩擦焊

随着镁合金的广泛应用，对镁合金焊接的质量以及焊接质量的稳定性要求越来越高，传统的焊接方法已经不能满足要求。搅拌摩擦焊是英国焊接研究所（TWI）针对焊接性差的铝合金、镁合金等轻质有色金属合金发明的一种新型固相连接方法。与传统的熔焊方法相比，它焊接时消耗能量较小，不需要使用保护气体或焊剂等，操作过程简单且不破坏环境。搅拌摩擦焊能够应用于对接接头、搭接接头、T形接头等。镁合金由于其特殊的电、热性能，耐蚀性差、易氧化及低熔点等特性，采用熔焊法工艺过程复杂且难得到质量满意的焊接接头；电阻焊也局限于工件尺寸、接头形式；采用钎焊时所得到的接头强度与母材相比差别较大，不适宜结构件的焊接；而搅拌摩擦焊是一个固相连接的过程，母材不熔化，接头区金属呈塑性状态，在压力作用下重新结合，所得到的组织相当于锻造组织，不同于电弧焊和电阻焊的铸态组织，因而几乎可得到与母材等强度的接头。

镁合金在搅拌摩擦焊时对工件的清洁度要求不高，因而准备工作简单，另外镁合金因为熔点低对搅拌头的材质性能要求也不高，一个普通的高速钢材质搅拌头可以焊接长度为1000m以上的焊缝。

7.2.1.4 新兴加工技术

A 镁合金的铸轧成型

镁合金的板带材可用于制造手提电脑、照相机、移动电话等的机壳，以便减轻机身重量，但传统方法生产的镁合金板带材需在高温下经过十几道次的轧制工序、分阶段进行退火和切头、切边等工序才能获得最终的产品，因此，其生产成本高、成材率极低。这就促使了一种既简单又便宜、可大批量商业化生产镁合金板带材的新方法——镁合金铸轧技术。与传统的镁合金轧制相比，镁合金铸轧技术生产工艺简单，生产周期短，能够节约大量的能源，设备投资少，生产成本低，效率高，同时铸轧出的薄带可得到理想的微观组织和良好力学性能。目前镁合金铸轧主要采用的是双辊铸轧技术，它是以两个逆向旋转轧辊为结晶器，将金属液体浇入由铸辊和侧封板围成的熔池中，直接铸成薄带的新工艺。该工艺是金属凝固和轧制变形的有机统一，即液态金属在结晶凝固的同时承受压力加工和塑性变形，在很短的时间内完成从液态金属到固态薄带的全部过程，取消了传统的热轧工序。根据其铸轧辊与浇铸液的不同分布可以分为半固态双辊连续铸造带坯工艺、立式双辊铸轧工艺、水平连续铸轧工艺。

B 液态模锻

液态模锻，也称挤压铸造，采用低的充型速度和最小的扰动，使金属液在高压下凝固，以获得可热处理的高致密度模锻件的工艺。与压铸相比，液态金属在压力下凝固是液态模锻最主要的特点。

液态模锻最重要的工艺参数是模具温度、浇注温度和合金的过热度。而合金的化学成分和物理性能直接影响浇注温度、充型压力、模具温度、合金与模具的相容性，进而影响模锻件的寿命。液态模锻所获得的模锻件组织致密均一，晶粒细小，对厚壁件尤为合适，可使厚壁件具有很高的尺寸精度和低的表面粗糙度，以及更高的强度和硬度。国内液态模锻技术在铝合金方面比较成熟，而镁合金液态模锻产品主要用于航空航天和军用零件，例如曾试制过液态模锻飞机起落架镁轮，以取代锻造镁轮。目前，国内已制成摩托车镁合金轮毂。我国早期的液态模锻设备采用摩擦压力机以进行“半液态模压”，但由于其不能保压，又易造成镁液飞溅，后来被通用液压机所替换。我国目前生产镁合金时大量使用的液态模锻设备仍然是经过局部参数调整及结构改进的液压机。这种液态模锻设备主要采用人工操作，在生产成本上具有竞争力，但会带来产品质量的不稳定性，满足不了复杂和高质量产品的生产要求。因此，开发我国高性能、全自动液态模锻设备是当务之急。我国台湾地区液态模锻设备的自动化程度高。在国外，前苏联、北美及日本对液态模锻设备的生产比较成熟，并且自动化程度较高。

C 触变成型铸造技术

镁合金流变铸造工艺过程：镁合金熔化→液态镁合金→降温至固液混合浆料→搅拌制得固相为球团状的半固态组织料→浇注成型。

所谓触变成型就是对镁合金的注射成型。该法是由美国 Dow 化学公司于 20 世纪 70 年代中期发明并由 Thixomat 公司实现商业化生产的。其基本过程为：将普通铸造镁或镁合金锭坯用机械加工的方式切削成轴长为 3 ~ 6mm 的颗粒状，加入料斗内，镁合金粒料在机筒内加热至半熔化状态，用螺杆搅拌，以浆料状从喷嘴射出成型。用触变成型法生产的大多数是家电产品的零件，特别是可以用来制造用压铸法难以生产的壁厚为 0.6 ~ 0.8mm 的制品，如笔记本电脑、摄影机、数码相机和半导体收录机的壳体、耳机外壳等。

美国在半固态金属成型领域处于领先地位。Alumax 公司在 1994 年建立了第一个用半固态技术生产汽车零件的工厂，每年可生产 2400 万个零部件。Thimax 公司采用触变成型方法生产出镁合金汽车零件，典型零件有圆片离合器、油泵箱和齿轮箱等。意大利、日本、德国和瑞士等国也开展了半固态成型镁合金研究，并在汽车领域得到了广泛的应用。日本是亚洲从事半固态镁合金研究较早的国家，这与其发达的汽车工业不无关系。中国台湾的镁合金压铸业也开始大量使用半固态射铸成型机，该技术将成为生产镁合金铸件的主流。

目前，国内以轿车为中心的汽车工业、摩托车工业发展迅猛，为镁合金铸件提供了广阔的市场。由于镁合金铸件对实现汽车轻量化、高速、节能和环保等整体功能效果显著，因此需求量很大。采用半固态成型技术生产镁合金零件可以加速我国汽车工业的发展，提高汽车工业的竞争力。

7.2.2 镁及镁合金应用与产品开发的技术标准分析

经过国家标准库检索，目前尚未发现镁及镁合金应用与产品开发相关标准，可见，镁及镁合金应用与产品开发的大多数技术还处于研究阶段，并不成熟。随着技术的进步，鹤壁在镁及镁合金应用与产品开发标准制定方面应加快步伐，力争多参与或起草相关标准，提升在镁产品应用与开发方面的影响力。

7.2.3 镁及镁合金应用与产品开发的技术专利分析

7.2.3.1 焊接技术专利分析

通过中华人民共和国国家知识产权局官方网站检索镁及镁合金应用与产品开发焊接方面相关专利（2000～2012 年），共得专利 42 项。

A 专利申请时间分析

镁及镁合金应用与产品开发焊接方面专利的申请时间分布如图 7－2 所示。由图 7－2 可知，镁及镁合金应用与产品开发焊接方面的专利申请数据在 2011 年达到最高。

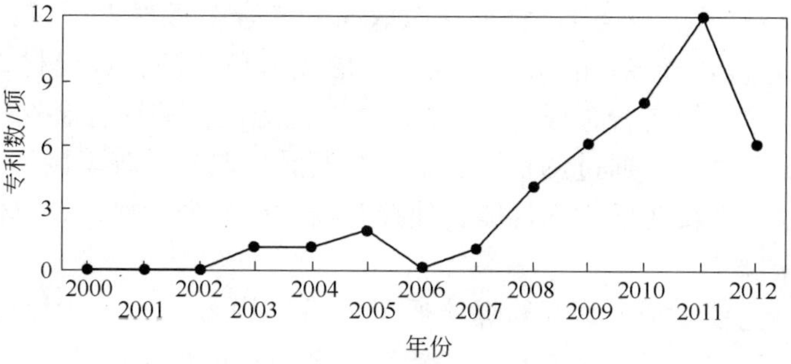

图 7－2 专利申请的时间分布图

B 专利地域分析

检索到的 42 项专利中，北京、重庆专利数量占据优势，具体的地域分布情况如图 7－3所示。

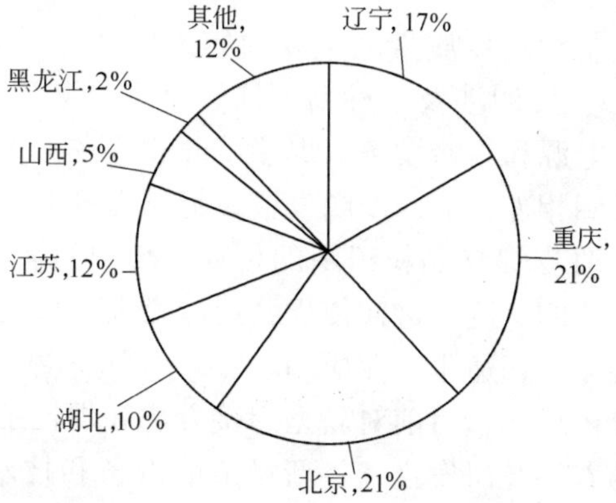

图 7－3 我国不同地区的专利比例

C 专利内容分析

在该技术领域公开的专利中，主要集中在焊接预处理、焊接过程的保护、激光焊接、扩散焊、焊接设备和焊机工艺等方面。

关于激光焊和摩擦焊等新型焊接方法的专利较多，如专利“一种用于镁合金激光焊接的新型焊接方法”（201210114203.4），公开了一种用于镁合金激光焊接的新型焊接方法，往 SiO_2 活性剂粉末中加入有机溶剂使其成为糊状，然后将糊状 SiO_2 活性剂均匀涂敷在镁合金待焊接部位的表面，形成 SiO_2 活性剂涂层，待 SiO_2 活性剂涂层中的有机溶剂挥发后进行激光焊接。该发明利用 SiO_2 活性剂涂层对激光束的较强吸收能力和低反射率，使激光能量的损失率减小，能量传输效率增大，从而显著提高了激光束能量利用率。由于显著提高了激光束能量利用率，因此，焊缝熔深显著增加，焊接接头的力学性能明显提高，同时还可以采用低功率激光焊接，以降低焊接成本。再如“提高搅拌摩擦焊接镁合金接头力学性能的方法”（201210018396.3），该专利说明了一种提高搅拌摩擦焊接镁合金接头力学性能的方法，有以下步骤：（1）取镁合金板材，经过轧制、压缩或锻造至镁合金板材中的晶粒取向一致，用 X 射线衍射分析（XRD）或者背散射电子衍射分析测出镁合金板材中的晶粒取向，得到经整理晶粒取向的镁合金板材 1；（2）切取镁合金板材 1，得到晶粒取向与镁合金板材的水平表面之间形成夹角的镁合金板材 2；（3）用搅拌摩擦焊接法，对接焊接两块镁合金板材 2，获得力学性能优良的镁合金搅拌摩擦焊接头。该方法在搅拌摩擦焊接之前，通过调整镁合金的初始晶粒取向，改善接头过渡区域的晶粒取向，大大提高了镁合金接头的力学性能，使接头与母材的强度接近，以保证镁合金搅拌摩擦焊接件的应用。

镁合金焊接工艺较复杂，是制约焊接质量的重要内容，如“铝镁合金板材的焊接工艺”（201110151943.0），该发明提供一种铝镁合金板材的焊接工艺，依次包括如下步骤：清理焊接表面并开坡口；用泡沫石棉板夹紧板材的上、下两平面并固定在焊接工装上；对被焊接铝镁合金板材在焊接区域进行预热处理；电焊固定；多层多道焊接；焊接完成后，立即去掉泡沫石棉板，用干冰粉喷撒在焊接区域，使铝镁合金板材的焊接区域快速冷却，直到焊接处表面温度至环境温度，停止喷撒干冰粉；最后拆卸工装，取出被焊接的铝镁合金板材。该发明的铝镁合金板材的焊接表面不易出现未熔合、未焊透气孔和裂纹现象，焊接后变形小且焊接区域的强度高。

镁合金焊接设备也是制约焊接质量的重要内容，如“一种新型镁合金焊接装置及方法”（201010579753.4），该发明涉及一种新型镁合金焊接装置及方法，该装置主要包括工作台、氩弧焊枪、磁场电源和焊接设备，焊接试件放置在工作台上方，磁场电源通过导线与支撑框架内的电磁线圈相连，电磁线圈设置在氩弧焊枪上，氩弧焊枪通过焊接电缆与焊接设备相连。通过磁场改变焊缝晶粒组织的传质、传热过程；通过活性剂与电弧的作用，使电弧收缩，提高电弧的挺度，进而使焊缝熔深增大，提高电弧能量的利用率，该发明可以获得高性能的焊接接头，适于工业应用。

从镁合金焊接专利分析可知，目前对新型焊接方法和焊接工艺的研究是热点。为了提高镁合金产品性价比，随着科技研发投入，新型节能设备和技术的开发是非常有必要的。焊接方法、焊接工艺、焊接自动化和焊接设备等是该技术领域的共性技术问题。尤其对高效、高精度镁焊接技术与装备、汽车用镁材的先进焊接技术和高性能高精度大直径镁板连接技术与装备等的研究较少。

D 鹤壁市在该领域专利情况

从我国金属镁及镁合金焊接专利检索结果可知，并没有发现鹤壁市在镁合金焊接方面的专利，且相比其他镁产业省市，鹤壁市在镁及镁合金应用与产品开发焊接方面技术水平比较低，缺乏专门从事镁合金研发的科研机构及成果转化基地，应加快建设能够支撑镁产业持续发展的技术研发平台。

7.2.3.2 表面处理技术专利分析

通过中华人民共和国国家知识产权局官方网站检索镁及镁合金应用与产品开发表面处理技术方面相关专利（2000～2012年），共有专利69项。

A 专利申请时间分析

镁及镁合金应用与产品开发表面处理技术方面专利的申请时间分布如图7－4所示。由图可知，镁及镁合金应用与产品开发表面处理技术方面的专利申请数据在2006年达到最高。

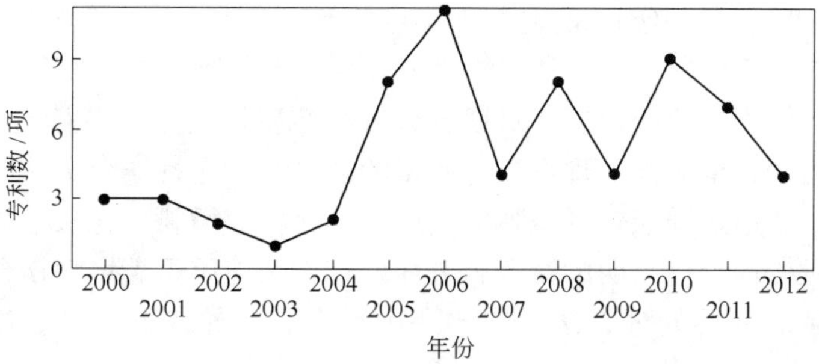

图7－4 专利申请的时间分布

B 专利地域分析

检索到的69项专利中，广东占据重要位置，具体的地域分布情况如图7－5所示。

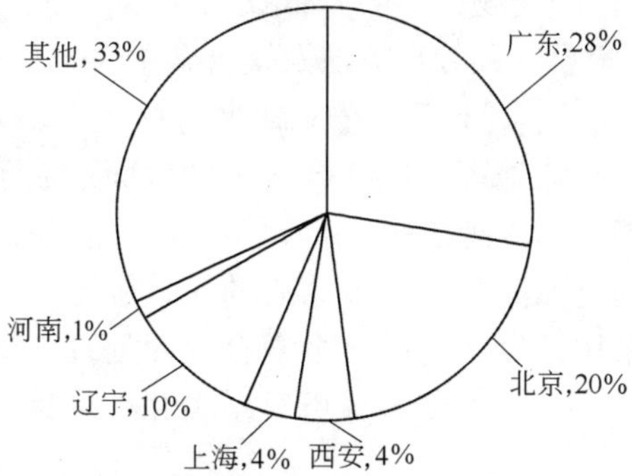

图7－5 我国不同地区的专利比例

C 专利内容分析

在该技术领域公开的专利中，主要集中在微弧氧化、电镀、表面处理液和无铬化学工艺等方面。

关于镁合金的表面处理方法的专利较多，如“一种镁合金的表面处理方法”(201110128068.4)，该方法包括以下步骤：先用无水乙醇清洗；接着用清水清洗，洗去镁合金表面的残留药剂；再用稀硝酸溶液处理；之后再用清水清洗，洗去镁合金表面的残留药剂；再经碳酸钙溶液处理即可。通过该发明所述技术方案的实施，可以明显减少镁合金表面处理的操作步骤，减少对环境和人体的伤害，提高镁合金表面的抗氧化性和光泽度。再如“镁合金轧制品电镀毛坯表面处理方法”（201010244492.0），该发明公开了一种镁合金轧制品电镀毛坯表面处理方法，包括以下步骤：对镁合金轧制品进行除油蜡；使用氟化氢铵的酸性溶液或钠盐的酸性溶液对经除油蜡的镁合金轧制品进行酸性活化处理；再使用焦磷酸钾、氢氧化钠和柠檬酸钠的碱性活化液对镁合金轧制品进行碱性活化处理；然后使用氟化氢铵、氢氟酸和磷酸的酸性溶液对镁合金轧制品进行酸性活化处理；再用氟化氢铵和次亚磷酸钠的中和处理液对镁合金轧制品进行中和处理。采用该发明的方法，能够在镁合金轧制板材、棒材和管材上覆盖上有足够结合力的、均匀且致密的底层镍或铜，该发明的方法成本低廉并易于推广应用。又如“一种镁合金表面处理方法及采用该方法制得的镁合金”（201010244631.X），该方法包括下述步骤：对镁合金进行微弧氧化处理，在镁合金表面形成微弧氧化膜层，所述微弧氧化膜层包括致密层和疏松层；对微弧氧化后的镁合金进行喷砂处理去除疏松层；对镁合金进行涂装处理，在致密层上形成涂层。该发明还涉及采用上述镁合金表面处理方法所制得的镁合金，包括镁合金基体以及形成于镁合金基体表面的膜层，所述膜层包括微弧氧化层以及涂覆于微弧氧化层上的涂层，所述微弧氧化层由致密层所构成。该发明的镁合金表面处理方法能够显著增强镁合金的耐腐蚀性。

也有关于产品的专用处理方法，如“一种镁合金车轮表面处理方法及镁合金车轮”（200810079660.8），该发明属于一种镁合金车轮表面处理方法，其特点是包括预成型—机加—表面喷涂铝—加热扩散—终成型—热处理—表面涂装处理工序，所述的预成型与机加获得为终成型留有变形量的镁合金车轮半成品，表面喷涂铝、加热扩散后，通过终成型获得镁合金车轮成品。加热扩散过程中的热作用、变形过程中的机械作用，提高了铝涂层与镁合金基体的结合力；提高了镁合金车轮的抗腐蚀性，解决了连接部位电化学腐蚀问题，克服了常规处理涂覆层易脱落的问题；不会降低镁合金基体材料的力学性能，无环境污染，生产成本低。再如“镁合金复合表面处理方法及镁合金手表壳”（201210384405.0），该专利涉及的处理方法是将待处理的镁合金工件置于氧化电解液中，并以镁合金工件作为阳极、不锈钢板作为阴极进行微弧氧化处理，使镁合金工件表面形成预定厚度的陶瓷膜层；将经微弧氧化处理后的镁合金工件放入纯水中进行超声清洗；将超声清洗后的镁合金工件进行电泳处理，得到预定厚度的电泳漆膜；对电泳后的镁合金工件进行喷紫外光固化油漆，得到预定厚度的油漆膜层。采用该发明的镁合金复合表面处理方法，使得镁合金耐腐蚀性能进一步增强，其复合膜层经中性盐雾试验分析，耐腐蚀性可达1000h以上，有效地解决了镁合金耐腐蚀性差的缺点。

从镁合金表面处理专利分析可知，大多数都是发明专利，关于微弧氧化的专利，其效率和能耗都存在问题，其他处理方法也不完善，尤其在产品应用方面也存在技术瓶颈。

D 鹤壁市在该领域专利情况

从我国金属镁及镁合金表面处理专利检索结果可知，没有发现鹤壁市在镁合金表面处理方面的专利，且相比其他镁产业省市，鹤壁市镁及镁合金表面处理技术水平比较低，缺乏专门从事镁合金研发的科研机构及成果转化基地，应加快建设能够支撑镁产业持续发展的技术研发平台。

7.2.4 鹤壁市镁及镁合金应用与产品开发的态势分析

通过对鹤壁市镁产业的特点、优势和劣势等进行详细深入的分析，凝练形成了鹤壁市镁及镁合金应用与产品开发的态势（SWOT）分析表，见表7－2。

表7－2 镁及镁合金应用与产品开发的态势（SWOT）分析表

优势（内部） （1）部分企业拥有了较先进的设备，部分产品已具有了一定优势； （2）产品种类不断增多，拓宽了应用领域； （3）拥有全国唯一镁业人才培训基地，具有一定产品开发的人才储备； （4）交通及区位优势	劣势（内部） （1）新技术不成熟，高性能的产品还不多； （2）缺乏支撑鹤壁市新兴技术的研发平台和成果转化基地； （3）高端高层次科研人员储备偏少
机会（外部） （1）国家、省和市出台文件促进镁产品开发与应用的发展； （2）国际制造业向中国转移，市场发展空间巨大； （3）人类节能环保意识增强； （4）交通业和电子信息产业对镁合金的应用日益增长	威胁（外部） （1）原镁价格波动大，对镁合金产品销售市场造成冲击； （2）其他材料的快速发展对镁合金产品拓展市场形成巨大阻力； （3）国内其他省份大力进行镁合金产品开发，抢占市场份额

7.3 鹤壁市镁及镁合金应用与产品开发产业目标的量化指标分析

产业目标要素“拓展镁合金在轨道交通、汽车、电子信息等领域的应用”，“扩大产业规模，开拓高品质原镁及镁合金市场”，“推动镁合金在新兴产业的应用”和“提高产品性能和质量，增强竞争力”中涉及镁及镁合金应用与产品开发方面的主要有以下几个可量化的指标，见表7－3。

表7－3 镁及镁合金应用与产品开发产业目标的量化指标

序号	鹤壁市镁产业目标要素	量化分析		
		项目现状	目标指标(2022年)	国际先进水平
1	拓展镁合金在轨道交通、汽车、电子信息等领域的应用	产品单一，据统计，汽车用成熟产品20种左右	专家预计汽车用成熟产品60种左右	汽车用成熟产品30种左右
2	推动镁合金在新兴产业的应用	新产品增长缓慢	新产品增长20%	
3	发展挤压型材和镁合金板带材	新产品增长缓慢	新产品增长50%	
4	提高产品性能和质量，增强竞争力	现主要是镁粉、牺牲阳极等产品	使本地区竞争力产品达到10种以上	

7.4 鹤壁市镁及镁合金应用与产品开发领域的技术难点分析

7.4.1 技术难点要素分析

根据镁产业市场需求要素分析和产业目标要素分析并综合问卷统计结果，专家们提出了阻碍本技术领域发展的技术难点要素并分析了可能的形成原因，见表7－4。表中技术难点要素判断值的计算方法与市场需求要素判断值的计算方法相同。

表7－4 镁及镁合金应用与产品开发的技术难点及可能原因

序号	技术难点内容	重要值	可能原因
1	高效低能耗微弧氧化技术	9.8	起弧电压和工作电流高；工艺及设备待改进
2	废水废渣的循环利用技术	8	循环利用工艺技术和设备研发不够；废渣成分复杂、难回收利用
3	具有先进成膜机制的绿色表面处理技术	7.6	技术开发力度不够，缺乏激励探讨；缺乏产品寿命评价体系；环境因素较复杂；缺乏相应标准和评价体系
4	在线溶液检测技术	7	传感技术不足，检测设备不先进；表面抗腐蚀技术和理论不成熟；理论研究和投入不足
5	无铬化处理的产业化应用技术	9	可完全替代铬化处理的预处理技术不完善
6	表面抗腐蚀机理	6	成膜机理和耐蚀机理缺乏深入研究，导致表面处理工艺和技术发展缓慢
7	镁合金有机涂层、金属涂层及其他表面改性技术	7.9	目前还不成熟
8	快速凝固技术	8.4	研究不够深入
9	镁合金电化学镀技术	7.7	污染环境；需提高结合力、进一步涂装
10	金属膜性能质量评价体系	7.6	目前还不成熟
11	适合镁合金的新型先进焊接装备开发	7.4	研究不够深入
12	新进焊接过程保护技术	7.1	研究不够深入
13	镁合金新型连接技术	9.7	研究不够深入
14	镁合金焊接自动化技术	7.8	研究不够深入
15	先进的镁粉、镁粒的生产技术和安全监控技术	6.9	研究不够深入
16	牺牲阳极生产过程中的快速检测及提高电性能的方法	6.7	研究不够深入
17	镁合金液态模锻设备研究与开发	8.7	研究不够深入
18	镁合金液态模锻技术	9.1	重大需求刚刚呈现、研究积累少；缺乏设备开发投入
19	镁合金流变成型技术	8.5	缺乏基础数据；缺乏较成熟的制备工艺和装备
20	可热处理镁合金生产制造工艺及其热处理状态	7	目前镁合金主要以不可热处理的压铸件形式使用，对用热处理方法提高镁合金结构的性能缺乏系统研究
21	半固态成型设备的制造和半固态浆料的控制	6	设备达不到要求；工艺不完善；缺乏应用驱动
22	镁合金铸轧复合成型技术	8.9	研究不够深入

7.4.2 技术难点要素与产业目标关联分析

技术难点的梳理和分析的目的是找出产业发展存在的问题和与之相对应的技术难点，将技术难点要素和产业目标要素进行关联分析并确定排序，可获得分阶段实现产业目标所需要重点突破的技术难点，关联分析结果及排序见表7－5。

表 7－5　镁及镁合金应用与产品开发技术难点与产业目标要素关联分析结果

产业目标要素及重要值		拓展镁合金在轨道交通、汽车、电子信息等领域的应用	降低生产成本	推动镁合金在新兴产业的应用	提高产品性能和质量，增强竞争力	建设国内权威、国际知名的镁和镁合金研发中心及成果转化基地	提高镁产业生产中的循环利用率，实现绿色制造	发展挤压型材和镁合金板带材	扩大产业规模，开拓高品质原镁及镁合金市场	关联评价值	优先顺序
		8. 26	7. 95	7. 52	7. 01	6. 81	6. 53	6. 50	6. 03		
技术难点要素及专家判断值	高效低能耗微弧氧化技术	9. 25	8. 14	8. 28	8. 37	7. 17	7. 34	8. 56	1. 1	405. 29	1
	新型连接技术	9. 09	9. 15	8. 14	7. 62	7. 89	8. 04	5. 31	1. 05	394. 83	2
	镁合金液态模锻技术	8. 25	8. 14	8. 28	8. 37	7. 15	6. 34	6. 56	1. 9	383. 05	3
	无铬化处理产业化应用	8. 16	5. 64	8. 43	8. 17	8. 67	6. 19	8. 04	1. 7	379. 89	4
	表面抗腐蚀机理	8. 26	7. 14	7. 28	8. 37	5. 17	7. 34	8. 56	1. 7	373. 05	6
	铸轧复合成型技术	9. 18	7. 76	5. 25	8. 14	5. 23	8. 45	8. 23	1. 3	372. 78	5
	液态模锻设备研究	8. 46	7. 87	7. 17	6. 58	5. 67	7. 71	8. 2	1. 8	371. 32	7
	流变成型技术	7. 25	6. 14	7. 28	7. 37	8. 17	7. 34	8. 54	1. 03	365. 90	8
	快速凝固技术	8. 18	8. 76	8. 25	7. 14	5. 23	6. 45	7. 23	1	365. 46	9
	焊接自动化技术	8. 46	7. 87	5. 17	6. 58	7. 67	8. 71	6. 2	1. 9	365. 39	10
	有机涂层及其他表面改性技术	8. 86	8. 8	8. 42	7. 06	6. 46	7. 42	3. 11	1. 6	365. 05	11
	废水废渣的循环利用技术	8. 25	8. 14	7. 28	8. 37	5. 17	6. 34	7. 56	1. 2	365. 02	12
	电化学镀技术	8. 25	5. 14	8. 28	7. 37	8. 17	6. 34	3. 56	3	348. 73	13
	先进的绿色表面处理技术	8. 01	7. 43	7. 69	8. 86	4. 86	7. 78	3. 23	1. 8	348. 66	14
	金属膜性能质量评价体系	8. 25	5. 14	8. 28	8. 37	8. 17	6. 34	3. 56	0. 5	340. 81	15
	先进焊接保护技术	8. 25	5. 14	6. 28	8. 37	4. 17	6. 34	6. 56	1. 3	323. 47	16
	先进焊接装备开发	8. 24	6. 73	5. 7	6. 48	7. 96	5. 74	4. 32	0. 13	318. 86	17
	在线溶液检测技术	8. 25	5. 69	7. 31	5. 12	1. 76	4. 92	3. 21	1. 2	266. 94	18
	先进镁粉生产、安全监控技术	5. 46	5. 87	6. 17	7. 58	3. 67	7. 71	0	1. 06	264. 44	19
	牺牲阳极快速检测及提高电性能	5. 25	5. 14	6. 28	3. 37	4. 17	6. 34	0	1. 07	223. 73	20
	可热处理镁合金生产工艺及其热处理状态	5. 48	5. 58	4. 41	5. 49	4. 47	3. 98	1	1. 04	222. 74	21
	半固态成型设备和浆料控制	4. 25	5. 14	4. 28	4. 37	4. 17	5. 34	0	1. 03	201. 53	22

7.5 鹤壁市镁及镁合金应用与产品开发领域的技术研发需求分析

7.5.1 研发需求优先级别分析

为了突破鹤壁市镁产业链涉及的技术难点和关键技术，实现鹤壁市镁产业的愿景和产业目标，经过各专家深入研讨和综合问卷调查，凝练出鹤壁市镁产业的技术研发项目。研发项目的优先级由专家逐一评定，最终达成共识，路线图制定工作组进行统计后，将项目按高级、中级、一般的顺序对其进行了排序，见表7－6。研发项目排序的目的是为政府在项目立项和相关政策制定方面提供可靠的依据。

表7－6 镁及镁合金应用与产品开发技术研发项目及优先级顺序

领 域	序 号	技术研发项目内容	优先级
镁及镁合金应用与产品开发	1	高效低能耗微弧氧化技术	高级
	2	镁合金新型连接技术	高级
	3	镁合金液态模锻技术	高级
	4	无铬化处理的产业化应用技术	高级
	5	镁合金铸轧复合成型技术	高级
	6	表面抗腐蚀机理	中级
	7	镁合金液态模锻设备研究	高级
	8	镁合金流变成型技术	中级
	9	快速凝固技术	中级
	10	废水废渣的循环利用技术	中级
	11	镁合金有机涂层、金属涂层及其他表面改性技术	中级
	12	镁合金焊接自动化技术	中级
	13	镁合金电化学镀技术	中级
	14	具有先进成膜机制的绿色表面处理技术	中级
	15	金属膜性能质量评价体系	中级
	16	适合镁合金的新型先进焊接装备开发	中级
	17	先进焊接过程保护技术	中级
	18	在线溶液检测技术	一般
	19	先进的镁粉、镁粒的生产技术和安全监控技术	一般
	20	牺牲阳极生产过程中的快速检测及提高电性能的方法	一般
	21	可热处理镁合金生产制造工艺及其热处理状态	一般
	22	半固态成型设备的制造和半固态浆料的控制	一般

7.5.2 研发需求项目时间节点分析

研发需求项目的时间节点分为0～3年、3～6年、6～10年三个节点，通过头脑风暴法研讨并最终经专家评定，22项研发需求项目的时间节点排序见表7－7。

表 7 – 7 镁及镁合金应用与产品开发研发需求项目时间节点

领 域	序 号	技术研发项目内容	时间节点/年
镁及镁合金应用与产品开发	1	高效低能耗微弧氧化技术	0 ~ 3
	2	镁合金新型连接技术	3 ~ 6
	3	镁合金液态模锻技术	3 ~ 6
	4	无铬化处理的产业化应用技术	3 ~ 6
	5	镁合金铸轧复合成型技术	6 ~ 10
	6	表面抗腐蚀机理	6 ~ 10
	7	镁合金液态模锻设备研究	6 ~ 10
	8	镁合金流变成型技术	3 ~ 6
	9	快速凝固技术	6 ~ 10
	10	废水废渣的循环利用技术	6 ~ 10
	11	镁合金有机涂层、金属涂层及其他表面改性技术	6 ~ 10
	12	镁合金焊接自动化技术	3 ~ 6
	13	镁合金电化学镀技术	3 ~ 6
	14	具有先进成膜机制的绿色表面处理技术	3 ~ 6
	15	金属膜性能质量评价体系	6 ~ 10
	16	适合镁合金的新型先进焊接装备开发	3 ~ 6
	17	先进焊接过程保护技术	3 ~ 6
	18	在线溶液检测技术	3 ~ 6
	19	先进的镁粉、镁粒的生产技术和安全监控技术	0 ~ 3
	20	牺牲阳极生产过程中的快速检测及提高电性能的方法	0 ~ 3
	21	可热处理镁合金生产制造工艺及其热处理状态	6 ~ 10
	22	半固态成型设备的制造和半固态浆料的控制	6 ~ 10

7.5.3 技术研发路径分析

以专家分析得出的研发项目，设计风险分析调查问卷，经路线图制定工作组统计计算，并进行风险分析。研发主体分析是对上述研发需求项目进行组织实施主体的确认，分为由政府资助，高校、科研院所和企业产学研合作共同实施，以及由企业独立完成三种方式。通过对调查问卷的整理分析，得到绝大多数研发项目的研发主体都是由高校、科研院所和企业合作共同完成，少数研发项目的研发主体由企业独立完成。在技术发展模式分析中，依据研发项目在产业发展中可能出现的国内技术难点的制约和实施突破的方法，需要对完成研发项目的技术模式进行甄别，分为自主创新研发、国内技术合作以及国外技术引进。经过对专家填写的调查问卷进行整理分析，大部分研发项目均以国内自主研发为主要技术发展模式。具体分析结果见表 7 – 8。

表 7-8 镁及镁合金应用与产品开发技术研发路径分析

领域	序号	技术研发项目内容	风险级	研发主体	研发模式
镁及镁合金应用与产品开发	1	高效低能耗微弧氧化技术	高	政府资助	技术引进
	2	镁合金新型连接技术	低	政府资助	技术合作
	3	镁合金液态模锻技术	高	企业	自主研发
	4	无铬化处理的产业化应用技术	低	产学研	技术合作
	5	镁合金铸轧复合成型技术	高	产学研	技术合作
	6	表面抗腐蚀机理	中	产学研	技术合作
	7	镁合金液态模锻设备研究	中	政府资助	技术引进
	8	镁合金流变成型技术	高	产学研	技术合作
	9	快速凝固技术	中	企业	自主研发
	10	废水废渣的循环利用技术	中	企业	自主研发
	11	镁合金有机涂层、金属涂层及其他表面改性技术	高	产学研	技术合作
	12	镁合金焊接自动化技术	高	产学研	技术合作
	13	镁合金电化学镀技术	高	产学研	技术合作
	14	具有先进成膜机制的绿色表面处理技术	中	政府资助	技术合作
	15	金属膜性能质量评价体系	中	政府资助	技术引进
	16	适合镁合金的新型先进焊接装备开发	中	产学研	技术合作
	17	先进焊接过程保护技术	中	企业	自主研发
	18	在线溶液检测技术	中	产学研	技术合作
	19	先进的镁粉、镁粒的生产技术和安全监控技术	中	产学研	技术合作
	20	牺牲阳极生产过程中的快速检测及提高电性能的方法	中	政府资助	技术合作
	21	可热处理镁合金生产制造工艺及其热处理状态	低	企业	自主研发
	22	半固态成型设备的制造和半固态浆料的控制	低	产学研	技术合作

7.6 鹤壁市镁及镁合金应用与产品开发技术路线图

通过整合专家们对鹤壁市镁产业在一定时间节点上的市场需求、产业目标以及在此基础上提炼出的技术难点和研发需求的分析，并结合相应的资源状况，按照技术路线图绘制的一般规范，绘制出鹤壁市镁及镁合金应用与产品开发技术路线（见表 7-9）。技术路线描绘了该技术领域的发展路径，同时，也是鹤壁市镁产业技术路线图（总图）的有机组成部分（见附图 2）。

表 7-9 镁及镁合金应用与产品开发技术路线

项目	0~3 年	3~6 年	6~10 年
市场需求	（1）提高镁产品性价比，增强其竞争力； （2）稳定镁及镁合金价格； （3）安全生产； （4）提高镁合金产品附加值； （5）提高镁产品售后服务质量和水平	（1）节约资源和能源，实现绿色制造； （2）镁合金材料的性能不断完善； （3）镁合金材料的应用领域不断扩展； （4）提高镁合金产品附加值； （5）汽车及轨道交通等领域镁材需求的快速增长	建立并完善镁产品质量监督检测体系

续表 7－9

项目	0～3 年	3～6 年	6～10 年
产业目标	（1）拓展镁合金在轨道交通、汽车、电子信息等领域的应用； （2）降低生产成本； （3）提高产品性能和质量，增强竞争力	（1）推动镁合金在新兴产业的应用； （2）提高镁产业生产中的循环利用率，实现绿色制造	建设国内权威、国际知名的镁和镁合金研发中心及成果转化基地
技术难点	（1）高效低能耗微弧氧化技术； （2）先进的镁粉、镁粒的生产技术和安全监控技术； （3）牺牲阳极生产过程中的快速检测及提高电性能的方法	（1）镁合金新型连接技术； （2）镁合金液态模锻技术； （3）无铬化处理的产业化应用技术； （4）镁合金流变成型技术； （5）镁合金焊接自动化技术； （6）镁合金电化学镀技术； （7）具有先进成膜机制的绿色表面处理技术； （8）适合镁合金的新型先进焊接装备开发； （9）先进焊接过程保护技术； （10）在线溶液检测技术	（1）镁合金铸轧复合成型技术； （2）镁合金液态模锻设备研究； （3）快速凝固技术； （4）废水废渣的循环利用技术； （5）镁合金有机涂层、金属涂层及其他表面改性技术； （6）金属膜性能质量评价体系； （7）可热处理镁合金生产制造工艺及其热处理状态； （8）半固态成型设备的制造和半固态浆料的控制； （9）表面抗腐蚀机理
研发需求	（1）高效低能耗微弧氧化技术； （2）先进的镁粉、镁粒的生产技术和安全监控技术； （3）牺牲阳极生产过程中的快速检测及提高电性能的方法	（1）镁合金新型连接技术； （2）镁合金液态模锻技术； （3）无铬化处理的产业化应用技术； （4）镁合金流变成型技术； （5）镁合金焊接自动化技术； （6）镁合金电化学镀技术； （7）具有先进成膜机制的绿色表面处理技术； （8）适合镁合金的新型先进焊接装备开发； （9）先进焊接过程保护技术； （10）在线溶液检测技术	（1）镁合金铸轧复合成型技术； （2）镁合金液态模锻设备研究； （3）快速凝固技术； （4）废水废渣的循环利用技术； （5）镁合金有机涂层、金属涂层及其他表面改性技术； （6）金属膜性能质量评价体系； （7）可热处理镁合金生产制造工艺及其热处理状态； （8）半固态成型设备的制造和半固态浆料的控制； （9）表面抗腐蚀机理
资源状况	技术： （1）鹤壁市企业涉及镁业研究比较早，技术有了一定积淀； （2）鹤壁市主要研究机构有：鹤壁职业技术学院镁合金成型工程技术中心、产业联盟内高校和有关的国家工程技术中心、各企业工程技术研究中心。 资金： （1）企业层面的项目由企业出资； （2）产业层面的项目由产业联盟组织、企业出资，研究成果本着谁出资谁受益的原则，由参与项目的联盟成员共同享有； （3）政府层面的项目由政府部分出资，产业联盟承担，组织相关企业联合出资、共同承担，成果归政府、联盟、企业三方所有		

8 鹤壁市镁及镁合金产品分析检测技术路线图

8.1 镁及镁合金产品分析检测的性质和在镁产业中的地位

镁及镁合金产品分析检测是指在各类生产、科研、试验及服务等各个领域，为及时获得镁及镁合金产品的有关信息而实时或非实时地对一些参量进行定性检查和定量测量的方法。对工业生产而言，采用各种先进的检测技术对生产全过程进行检查、监测，对确保安全生产、保证产品质量、提高产品合格率、降低能源和原材料消耗、提高企业的劳动生产率和经济效益都是必不可少的。

镁及镁合金产品分析检测技术在整个镁产业链中居于重要的地位，涉及镁产业链的各个环节，检测水平的提高和先进手段的应用都可以很好地为镁产业服务。

镁及镁合金产品分析检测在镁产业中的地位如图 8 – 1 所示。

8.2 镁及镁合金产品分析检测的技术现状

8.2.1 镁及镁合金产品分析检测的技术发展趋势

8.2.1.1 分析检测手段

目前镁及镁合金产品分析检测手段主要有两类：一类为化学分析法，一类为仪器分析法。化学分析法是指利用化学反应和它的计量关系来确定镁及镁合金产品的组成和含量的分析方法。仪器分析法是基于镁及镁合金的物理或物理化学性质而建立起来的分析方法，这类方法通过测量光、电、磁、声、热等物理量而得到分析结果，而测量这些物理量，一般要使用比较复杂或特殊的仪器设备。仪器分析法的优点是：（1）自动化程度高，能对各种校正因素进行实时运算，并对测量结果做数字显示和自动记录，有的还可与作业程序电子计算机连接，使分析结果直接作为反馈信息对生产作业进行自动调节；（2）当被分析材料的品种固定、试样数量大时，分析速度快、效率高，如用发射光谱仪一次可定性测出 70 多个元素，其速度和灵敏度远远高于一般化学分析法，因此定性分析（特别是金属）多用发射光谱法来完成，又如光电直读光谱仪可以在 1 ~ 2min 内一次定量分析出约 30 个元素，速度很高；（3）定性、定量分析的准确度和精密度、灵敏度均高，对微量试样和痕量成分的分析尤为有效；（4）分析人员可减少，试样测量前一般只需要简单的处理或不需要化学处理，可大大减轻劳动强度，且对环境的污染小；（5）有些仪器分析方法可以不破坏试样。仪器分析法的缺点是：有些大型、复杂、精密的仪器，例如使用较多的光电直读光谱仪、X 射线荧光光谱仪等，价格均较昂贵，只对大企业或有大批量试样需要分析时，才能达到节约时间和人力的目的，否则经济效益不大，需要熟练的、技术水平

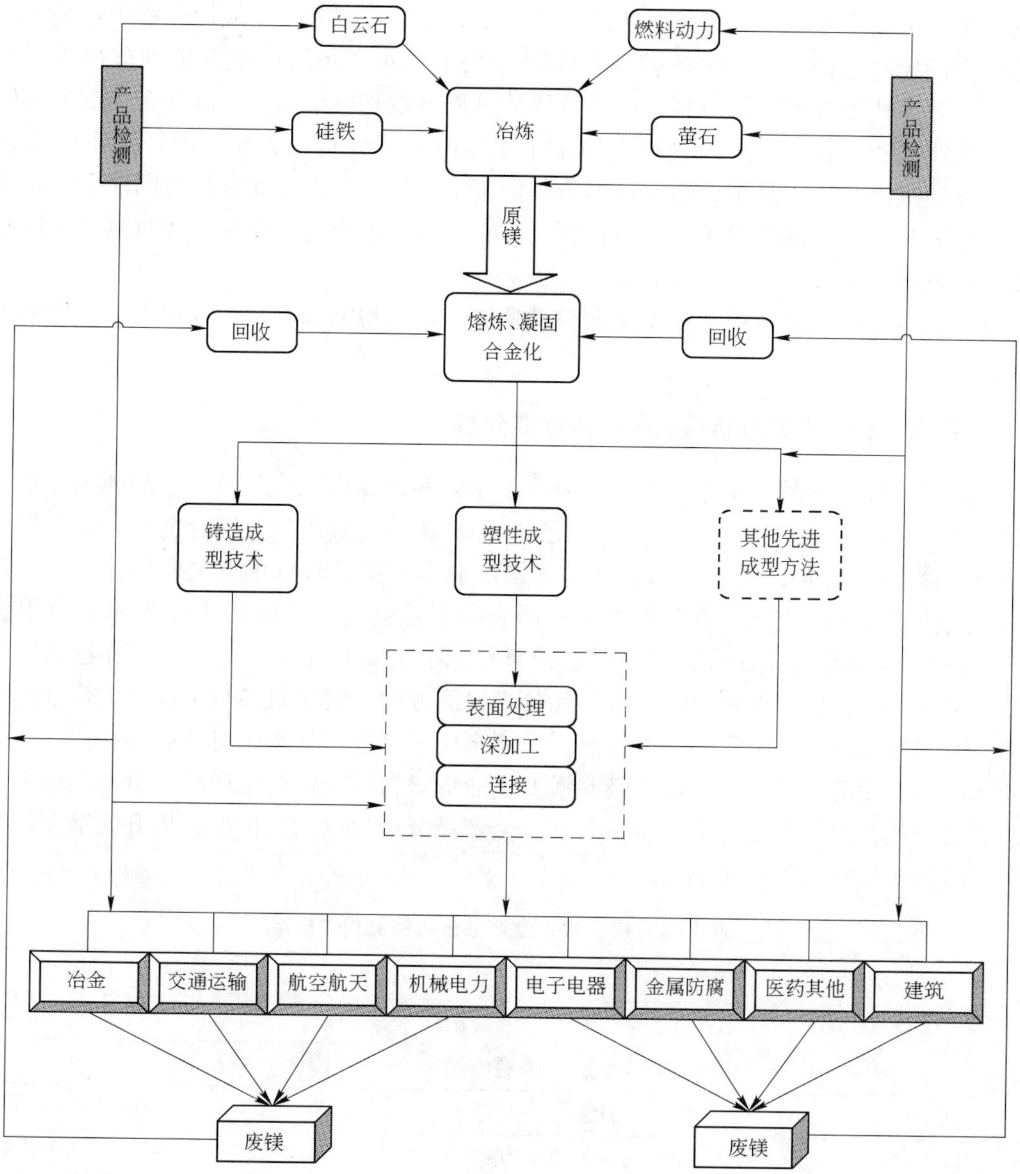

图 8－1 镁及镁合金产品分析检测在镁产业中的地位

较高的技术人员进行保养和维修。

关于镁及镁合金产品检测，目前大部分检测项目都采用仪器分析法，只有个别原料等项目采用化学分析法，今后镁及镁合金产品分析检测逐步会向仪器分析方向发展。

8.2.1.2 在线检测技术

所谓在线检测就是直接安装在生产线上，通过软测量技术实时检测、实时反馈，以此来更好地指导生产，减少不必要的浪费。目前镁及镁合金产品生产中在线检测技术还处于较低水平，而钢铁生产和铝工业许多工序都采用了在线检测技术。近年来，随着科学技术的迅猛发展和市场竞争的日益激烈，为了保证产品的质量和经济效益，先进控制和优化控制技术纷纷被应用于工业过程中。然而，不管是在先进控制策略的应用过程中还是对产品质量的直接控制过程中，一个最棘手的问题就是难以对产品的质量变量进行在线实时测量。受工艺、技术或经济的限制，一些重要的过程参数和质量指标难以甚至无法通过硬件传感器在线检测。目前，生产过程中通常采用定时离线分析的方法，即每几小时采样一次，送化验室进行人工分析，然后根据分析值来指导生产。由于此方法时间滞后大，因此远远不能满足在线控制的要求。在线检测技术正是为了解决这类变量的实时测量和控制问题而逐渐发展起来的。

镁及镁合金产品分析检测技术正向自动检测、在线检测和材料内部微观结构检测方向发展。

8.2.2 镁及镁合金产品分析检测的技术标准分析

通过国家标准文献共享服务平台官方网站检索镁及镁合金产品分析检测相关标准，截至2012年，镁产业标准体系中标准数量已达到60多项，其中镁及镁合金产品分析检测方面的相关标准30多项，见表8－1。在这些镁产业标准中，起草单位主要包括：中国铝业股份有限公司郑州研究院、洛阳铜加工集团有限责任公司、西南铝业（集团）有限责任公司、河南华淇镁业有限公司（鹤壁）、宁夏华源冶金实业有限公司、中国有色金属工业标准计量质量研究所。在镁及镁合金产品分析检测方面，鹤壁只参与了极少数标准的制定工作，说明在镁及镁合金产品分析检测标准制定中，鹤壁还处于相对落后的地位。作为我国的镁冶炼的发源地之一，鹤壁市及其镁业企业应该在镁及镁合金产品分析检测标准制定方面加快步伐，力争多参与或起草镁及镁合金产品分析检测相关标准，提升鹤壁在镁及镁合金产品分析检测方面的影响力。

表8－1 镁及镁合金产品分析检测相关标准

序号	标准编号	标准名称	计划编号
1	GB/T 4296—2004	变形镁合金显微组织检验方法	
2	GB/T 4297—2004	变形镁合金低倍组织检验方法	
3	GB/T 13748.1—2005	铝含量的测定	20102212－T－610
4	GB/T 13748.2—2005	锡含量的测定 邻苯二酚紫分光光度法	
5	GB/T 13748.3—2005	锂含量的测定 火焰原子吸收光谱法	
6	GB/T 13748.4—2005	锰含量的测定 高碘酸盐分光光度法	20102213－T－610
7	GB/T 13748.5—2005	钇含量的测定 电感耦合等离子体原子发射光谱法	
8	GB/T 13748.6—2005	银含量的测定 火焰原子吸收光谱法	
9	GB/T 13748.7—2005	锆含量的测定 二甲苯酚橙分光光度法	20102210－T－610
10	GB/T 13748.8—2005	稀土含量的测定 重量法	20102217－T－610
11	GB/T 13748.9—2005	铁含量的测定 邻二氮杂菲分光光度法	20102215－T－610
12	GB/T 13748.10—2005	硅含量的测定 钼蓝分光光度法	20102211－T－610
13	GB/T 13748.11—2005	铍含量的测定 依莱铬氰蓝R分光光度法	
14	GB/T 13748.12—2005	铜含量的测定 新亚铜灵分光光度法	20102216－T－610

续表 8 - 1

序号	标准编号	标 准 名 称	计划编号
15	GB/T 13748.13—2005	铅含量的测定 火焰原子吸收光谱法	
16	GB/T 13748.14—2005	镍含量的测定 丁二酮肟分光光度法	20102214 - T - 610
17	GB/T 13748.15—2005	锌含量的测定	20102218 - T - 610
18	GB/T 13748.16—2005	钙含量的测定 火焰原子吸收光谱法	
19	GB/T 13748.17—2005	钾含量和钠含量的测定 火焰原子吸收光谱法	
20	GB/T 13748.18—2005	氯含量的测定 氯化银浊度法	
21	GB/T 13748.19—2005	钛含量的测定 二安替比啉甲烷分光光度法	
22	GB/T 13748.20—2009	ICP - AES 测定元素含量	
23	GB/T 13748.21—2009	光电直读原子发射光谱分析方法测定元素含量	
24	GB/T 16865—1997	变形铝、镁及其合金加工制品拉伸试验用试样	20102196 - T - 610
25	GB/T 23600—2009	镁合金铸件 X 射线实时成像检测方法	
26	GB/T 24488—2009	镁合金牺牲阳极电化学性能测试方法	
27	GB/T 26284—2010	变形镁合金熔剂、氧化夹杂试验方法	
28	GB/T ××××—201×	镁及镁合金化学分析方法 钍含量的测定	拟申报计划
29	YS/T 617.1—2007	活性铝、活性镁、活性铝镁量的测定 气体容量法	
30	YS/T 617.2—2007	铝镁合金粉中铝含量的测定 氟化物置换络合滴定法	
31	YS/T 617.3—2007	水分的测定 干燥失重法	
32	YS/T 617.4—2007	镁粉中盐酸不溶物量的测定 重量法	

8.2.3 镁及镁合金产品分析检测的技术专利分析

通过中华人民共和国国家知识产权局官方网站检索镁及镁合金产品分析检测相关专利（2000～2012 年），共得专利 22 项，这些专利几乎都是在 2008 年以后申请的。

8.2.3.1 专利申请时间分析及地域分布情况

镁及镁合金产品分析检测方面的专利在 2008 年以前为空白，2008 年以后才开始有这方面的专利，镁及镁合金产品分析检测专利的申请时间分布如图 8 - 2 所示。由图可知，镁及镁合金产品分析检测方面的专利申请数据在 2008 年达到最高。

在检索到的 22 项专利中，具体的地域分布情况如图 8 - 3 所示。

8.2.3.2 专利内容分析

在该技术领域公开的专利中，主要集中在镁熔炼及凝固过程等方面，如专利“一种镁合金熔液含氢量实时检测的方法及其装置”（CN 102213670 A）中提出了一种基于图像识别的镁合金熔液含氢量实时检测方法及其装置。该检测方法融入实时图像处理技术，通过建立含氢量数学模型并结合 PLC 控制算法，实现镁合金熔液含氢量快速精确检测。实现该检测方法的装置由真空系统、实时图像处理系统和 PLC 微处理系统三部分构成。该装置的优点在于：（1）PLC 微处理系统及真空系统保证了含氢量检测的快速性；（2）实时图像处理系统对第一气泡析出的精确识别提高了含氢量检测的精确度。专利“镁合金在线

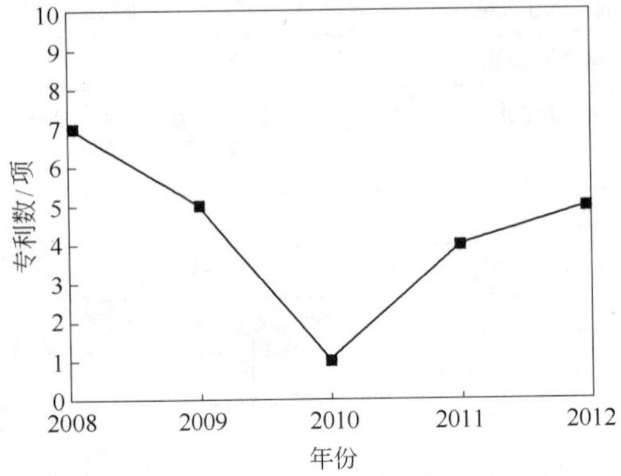

图 8－2 镁及镁合金产品分析检测专利申请时间分布图

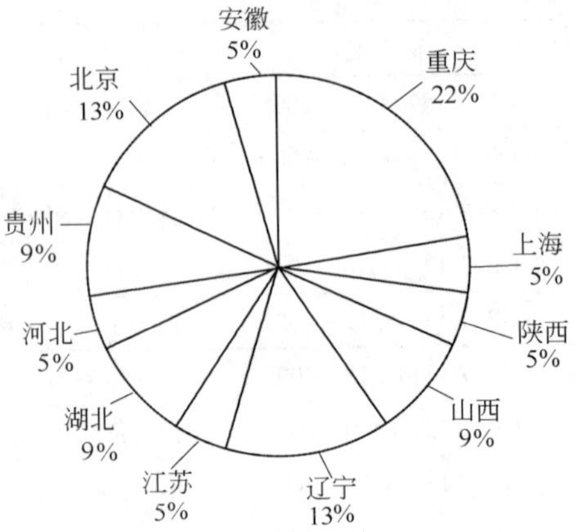

图 8－3 我国不同地区镁及镁合金产品分析检测专利分布情况

成分检测与凝固组织控制的方法及装置”（CN 102430750 A）提出一种镁合金在线成分检测与凝固组织控制的方法，并提供了相应的实施装置，所述方法采用定量浇包提取镁合金熔体，定容模具控制熔体热容，热电偶实时测定熔体温度，温度采集系统采集并记录熔体凝固过程中温度随时间的变化，通过计算机调用铸造镁合金数据库进行凝固反应特征参数的比较，继而对合金熔体中化学组成、变质剂、细化剂含量进行调整，最终控制凝固组织。该发明根据经典凝固理论，在浇注前检测熔融合金的成分，并根据凝固组织预测分析结果，对熔体相关合金元素的含量进行调整，具有结果稳定、可靠性高、分析周期短、自动化水平高、分析成本低、简单易行的优点，能够有效提高铸件质量、降低生产成本、减少生产周期，适于镁及镁合金熔炼现场的炉前操作。

8.2.3.3 鹤壁市在该领域专利情况

从我国镁及镁合金产品分析检测专利检索结果可知，鹤壁市在镁及镁合金产品分析检测方面的相关专利为空白，表明鹤壁市在这方面技术水平还比较弱，反映鹤壁市在镁产业链中镁及镁合金产品分析检测方面相对技术水平较低，应加快建设能够支撑镁产业持续发展的技术研发平台。

8.2.4 鹤壁市镁及镁合金产品分析检测的态势分析

通过对鹤壁市镁产业的特点、优势和劣势等进行详细深入的分析，凝练形成了鹤壁市镁及镁合金产品分析检测的态势（SWOT）分析表，见表 8－2。

表 8－2 鹤壁市镁及镁合金产品分析检测的态势（SWOT）分析表

优势（内部） （1）鹤壁市处在南北交通要道和东西部衔接处，地理位置优越； （2）鹤壁市政府对金属镁产业的政策支持； （3）金属镁产业起步较早，有完整的产业链； （4）拥有国家镁及镁合金产品质量监督检验中心	劣势（内部） （1）对镁及镁合金产品检测力量和水平较弱； （2）新兴镁合金产品检测标准制定难度大； （3）对镁合金新的分析检测方法缺乏研究； （4）镁产品检测技术研发人员不足

续表 8-2

机会（外部） （1）镁产业作为朝阳产业必将为检测发展提供机会； （2）国家政策投入支持力度不断加大； （3）镁产品消费者对镁产品分析检测的水平要求越来越高； （4）国家对镁产品分析检测的关注度越来越高	威胁（外部） （1）金属镁产品出口检测标准限制； （2）珠三角、长三角镁产品分析检测手段发展较快； （3）国外在标准制定、检测手段方面都发展较快； （4）新型材料成分复杂，检测难度较大

8.3 鹤壁市镁及镁合金产品分析检测产业目标的量化指标分析

产业目标要素中"建设国内权威、国际知名的镁和镁合金检测、研发中心及成果转化基地"中涉及镁及镁合金产品分析检测方面的主要有以下几个可量化的指标，见表 8-3。

表 8-3 鹤壁市镁及镁合金产品分析检测产业目标的量化指标

鹤壁市镁产业目标要素	量 化 分 析		
	量化内容及现状	目标指标（2022 年）	国际先进水平
建设国内权威、国际知名的镁和镁合金检测、研发中心及成果转化基地	镁冶炼原料的自动化分析检测	全自动化操作	部分自动化
	镁合金的分析检测	在线检测	在线检测
	镁合金产品的分析检测	测定指标完善	测定指标完善
	镁及镁合金分析检测配套技术	配套技术及设备齐全	配套技术及设备齐全

8.4 鹤壁市镁及镁合金产品分析检测领域的技术难点分析

8.4.1 技术难点要素分析

根据镁产业市场需求要素分析和产业目标要素分析并综合问卷统计结果，专家们提出了阻碍本技术领域发展的技术难点要素并分析了可能的形成原因，见表 8-4。表中技术难点要素判断值的计算方法与市场需求要素判断值的计算方法相同。

表 8-4 鹤壁市镁及镁合金产品分析检测的技术难点及可能原因

序号	技术难点内容	重要值	可 能 原 因
1	镁冶炼原料分析技术	8.9	白云石、煅白、球团料分析方法有待改进
2	建立鹤壁市镁及镁合金检测数据库	8.6	国内外镁及镁合金产品质量标准研究不足
3	针对出口产品主要技术壁垒提出解决方案	8.5	国内外镁及镁合金产品质量标准研究不足
4	完善镁及镁合金检测标准化建设	8.3	国内外镁及镁合金产品质量标准研究不足
5	镁及镁合金标准试样制备技术	8.1	镁合金熔炼理论及应用研究不够
6	缺乏镁合金金相图谱	8.0	缺乏镁合金成分理论研究
7	镁合金在线质量快速测定技术	7.9	缺乏镁合金成分分析理论研究

8.4.2 技术难点要素与产业目标关联分析

技术难点的梳理和分析的目的是找出产业发展存在的问题和与之相对应的技术难点，将技术难点要素和产业目标要素进行关联分析并确定排序，可获得分阶段实现产业目标所需要重点突破的技术难点，关联分析结果及排序见表 8-5。

表8－5　镁及镁合金产品分析检测技术难点与产业目标要素关联分析

产业目标要素及重要值		拓展镁合金在轨道交通、汽车、电子信息等领域的应用	降低生产成本	推动镁合金在新兴产业的应用	提高产品性能和质量，增强竞争力	建设国内权威、国际知名的镁和镁合金研发中心及成果转化基地	提高镁产业生产中的循环利用率，实现绿色制造	发展挤压型材和镁合金板带材	扩大产业规模，开拓高品质原镁及镁合金市场	关联评价值	优先顺序
		8.26	7.95	7.52	7.01	6.81	6.53	6.50	6.03		
技术难点要素及专家判断值	镁合金在线质量快速测定技术	8.7	8.8	7.6	8.3	8.8	8.3	8.2	8.6	476.442	1
	针对出口产品主要技术壁垒提出解决方案	8.1	8.2	7.4	8.6	8.3	8	8.1	8.4	460.095	2
	建立鹤壁市镁及镁合金检测数据库	7.9	8.6	6.8	8.4	8.4	7.9	7.9	8.3	453.834	3
	镁及镁合金标准试样制备技术	5.8	8.4	3	8.1	8.8	7.6	8	8.2	405.031	4
	完善镁及镁合金检测标准化建设	7.8	6.8	3.7	7.1	8.2	7.4	7.6	7.6	395.475	5
	缺乏镁合金金相图谱	6.4	6.9	3.1	5.9	8.7	7	7.8	6.8	369.051	6
	镁冶炼原料分析技术	3.1	8.1	3.6	6.7	7.8	7.2	3.1	4.5	311.459	7

8.5 鹤壁市镁及镁合金产品分析检测领域的技术研发需求分析

8.5.1 研发需求优先级别分析

为了突破鹤壁市镁产业链涉及的技术难点和关键技术，实现鹤壁市镁产业的愿景和产业目标，经过各专家深入研讨和综合问卷调查，凝练出鹤壁市镁产业的技术研发项目。研发项目的优先级由专家逐一评定，最终达成共识，路线图制定工作组进行统计后，将项目依据重要程度按高级、中级、一般的顺序对其进行了排序，见表 8 - 6。研发项目排序的目的是为政府在项目立项和相关政策制定方面提供可靠的依据。

表 8 - 6 鹤壁市镁及镁合金产品分析检测技术研发项目及优先级顺序

领　域	序 号	技术研发项目内容	优 先 级
镁及镁合金产品分析检测	1	镁合金熔体质量在线检测技术	高级
	2	镁及镁合金检测数据库建设	高级
	3	镁及镁合金标准试样制备技术	中级
	4	白云石（煅白）成分、结构快速分析技术	中级
	5	球团料硅含量快速分析技术	中级
	6	镁合金金相图谱	中级
	7	出口镁产品主要技术壁垒及解决方案	中级
	8	镁及镁合金检测标准建设	中级

8.5.2 研发需求项目时间节点分析

研发需求项目的时间节点分为 0 ~ 3 年、3 ~ 6 年、6 ~ 10 年三个节点，通过头脑风暴法研讨并最终经专家评定，8 项研发需求项目的时间节点排序见表 8 - 7。

表 8 - 7 镁及镁合金产品分析检测研发需求项目时间节点

领　域	序 号	技术研发项目内容	时间节点/年
镁及镁合金产品分析检测	1	白云石（煅白）成分、结构快速分析技术	0 ~ 3
	2	球团料硅含量快速分析技术	0 ~ 3
	3	出口镁产品主要技术壁垒及解决方案	0 ~ 3
	4	镁合金熔体质量在线检测技术	0 ~ 3
	5	镁及镁合金标准试样制备技术	3 ~ 6
	6	镁及镁合金检测标准建设	3 ~ 6
	7	镁及镁合金检测数据库建设	6 ~ 10
	8	镁合金金相图谱	6 ~ 10

8.5.3 技术研发路径分析

以专家分析得出的研发项目，设计风险分析调查问卷，经路线图制定工作组统计计算，最终确定风险分析结果。研发主体分析是对上述研发需求项目进行组织实施主体的确认，分为由高校、科研院所和企业产学研合作共同实施，由政府资助以及由企业独立完成三种方式。通过对调查问卷的整理分析，得到绝大多数研发项目的研发主体都是由高校、科研院所和企业合作共同完成，少数研发项目的研发主体由企业独立完成。在技术发展模式分析中，依据研发项目在产业发展中可能出现的国内技术难点的制约和实施突破的方法，需要对完成研发项目的技术模式进行甄别，分为自主创新研发、国内技术合作以及国外技术引进。经过对专家填写的调查问卷进行整理分析，大部分研发项目均以国内自主研发为主要技术发展模式。技术研发路径具体分析结果见表 8 - 8。

表 8 - 8　镁及镁合金产品检测技术研发路径分析

领域	序号	技术研发项目内容	风险级	研发主体	研发模式
镁及镁合金产品分析检测	1	镁合金金相图谱	高	产学研	技术合作
	2	镁及镁合金标准试样制备技术	高	产学研	技术合作
	3	镁及镁合金检测数据库建设	高	政府资助	技术引进
	4	镁合金熔体质量在线检测技术	中	企业	自主研发
	5	出口镁产品主要技术壁垒及解决方案	中	企业	自主研发
	6	镁及镁合金检测标准建设	中	产学研	技术合作
	7	白云石（煅白）成分、结构快速分析技术	低	政府资助	技术引进
	8	球团料硅含量快速分析技术	低	企业	自主研发

8.6　鹤壁市镁及镁合金产品分析检测技术路线图

通过整合专家们对鹤壁市镁产业在一定时间节点上的市场需求、产业目标以及在此基础上提炼出的技术难点和研发需求的分析，并结合相应的资源状况，按照技术路线图绘制的一般规范，绘制出鹤壁市镁及镁合金产品分析检测技术路线（见表 8 - 9）。技术路线描绘了该技术领域的发展路径，同时，也是鹤壁市镁产业技术路线图（总图）的有机组成部分（见附图 2）。

表 8 - 9　鹤壁市镁及镁合金产品分析检测技术路线

项目	0 ~ 3 年	3 ~ 6 年	6 ~ 10 年
市场需求	建立镁产品质量监督检测体系	提高镁产品售后服务质量和水平	（1）建立并完善镁产品质量监督检测体系； （2）提高镁产品售后服务质量和水平
产业目标	提高产品性能和质量，增强竞争力	建设国内权威、国际知名的镁和镁合金研发中心及成果转化基地	（1）提高产品性能和质量，增强竞争力； （2）建设国内权威、国际知名的镁和镁合金研发中心及成果转化基地
技术难点	（1）镁冶炼原料分析技术； （2）镁合金在线质量快速测定技术； （3）针对出口产品主要技术壁垒提出解决方案	（1）镁及镁合金标准试样制备技术； （2）完善镁及镁合金检测标准化建设	（1）建立鹤壁市镁及镁合金检测数据库； （2）完善镁合金金相图谱

续表 8－9

项目	0～3 年	3～6 年	6～10 年
研发需求	（1）白云石（煅白）成分、结构快速分析技术； （2）球团料硅含量快速分析技术； （3）出口镁产品主要技术壁垒及解决方案； （4）镁合金熔体质量在线检测技术	（1）镁及镁合金标准试样制备技术； （2）镁及镁合金检测标准建设	（1）镁及镁合金检测数据库建设； （2）镁合金金相图谱
资源状况	技术： （1）鹤壁市的镁及镁合金产品分析检测技术设备处于国内领先水平； （2）鹤壁市相关技术的主要研究机构有：鹤壁市镁合金成形工程技术研究中心、产业联盟内的高校和相关的国家工程技术研究中心、各企业工程技术研究中心。 资金： （1）企业层面的项目由企业自身出资解决； （2）产业层面的项目由产业联盟组织，企业出资，研究成果本着谁出资谁受益的原则，由参与项目的联盟成员共同享有； （3）政府层面的项目由政府部分出资，产业联盟承担，组织相关企业联合出资、共同承担项目，成果归政府、联盟、企业三方共有		

9 鹤壁市镁产业技术发展的综合分析

9.1 鹤壁市镁产业技术研发需求项目综述

经过第4~8章分领域分析论证，得出鹤壁市镁产业技术研发需求项目共计77项，分属于5个领域，同时，对每个项目的级别、时间节点及研发路径也进行了论证，见表9-1。上述成果为绘制鹤壁市镁产业各种类型的技术路线图奠定了基础。

表9-1 鹤壁市镁产业技术研发需求项目综合分析一览表

领域	编号	技术研发需求项目内容	优先级	时间节点/年	风险级	研发主体	研发模式
1. 镁冶炼与熔炼	1.1	工业化竖罐还原炼镁技术	高级	0~3	高	政府资助	技术引进
	1.2	新型镁合金熔炼保护气	高级	0~3	高	产学研	技术合作
	1.3	镁合金熔体净化技术	高级	0~3	高	产学研	技术合作
	1.4	高强高韧镁合金开发	高级	0~3	高	政府资助	技术合作
	1.5	耐热镁合金开发	高级	0~3	中	企业	技术合作
	1.6	稀土镁合金开发	中级	3~6	中	政府资助	技术引进
	1.7	镁合金晶粒细化技术	中级	3~6	中	产学研	技术引进
	1.8	生物医用镁合金开发及应用技术	中级	3~6	中	政府资助	技术引进
	1.9	耐蚀镁合金开发	中级	3~6	中	产学研	技术合作
	1.10	高性能变形镁合金开发	中级	3~6	中	产学研	技术合作
	1.11	镁冶炼新型能源开发	中级	3~6	中	政府资助	技术合作
	1.12	白云石煅烧产物二氧化碳利用技术	中级	3~6	中	企业	自主研发
	1.13	镁冶炼还原废渣利用技术	中级	3~6	低	企业	自主研发
	1.14	金属镁高效冶炼还原剂开发	中级	3~6	低	企业	自主研发
	1.15	高危劣质废镁的回收及再生技术	中级	3~6	低	产学研	技术合作
	1.16	高效节能镁合金熔体精炼系统及装备开发	中级	3~6	低	企业	自主研发
	1.17	镁合金凝固理论及应用技术	一般	3~6	低	政府资助	技术合作
	1.18	镁基功能材料开发	一般	6~10	低	政府资助	技术合作
	1.19	内热还原炼镁技术	一般	6~10	低	产学研	技术合作
	1.20	镁合金快速冷却技术及非晶态镁合金研究	一般	6~10	低	企业	自主研发

续表 9-1

领域	编号	技术研发需求项目内容	优先级	时间节点/年	风险级	研发主体	研发模式
2. 铸造成型	2.1	高性能、高品质、高密度、低成本压铸技术	高级	0~3	中	政府资助	技术引进
	2.2	大型厚壁镁合金构件的新型铸造技术	高级	0~3	低	产学研	技术合作
	2.3	先进压铸模具制造技术	高级	0~3	中	企业	自主研发
	2.4	大吨位实时控制高精度压铸设备制造技术	高级	3~6	高	产学研	技术合作
	2.5	高精度压铸定量浇注设备	中级	0~3	中	企业	自主研发
	2.6	高品质镁合金半连续、水平铸造及铸锭质量控制	中级	0~3	中	产学研	技术合作
	2.7	高性能镁合金制品的近净精密铸造成型技术	中级	6~10	中	企业	自主研发
	2.8	镁合金铸造过程数值模拟和建立材料应用数据库	中级	6~10	低	政府资助	技术引进
	2.9	可热处理镁合金生产制造工艺及其热处理状态	中级	3~6	中	产学研	技术合作
	2.10	镁合金定量熔化与保护系统	中级	3~6	中	企业	自主研发
	2.11	镁合金压铸生产自动化技术	一般	3~6	中	产学研	技术合作
	2.12	新兴铸造成型设备的设计与制造技术	一般	6~10	高	政府资助	技术合作
	2.13	镁合金凝固理论及其应用技术	一般	6~10	中	政府资助	技术引进
3. 塑性成型	3.1	大型、复杂截面薄壁件挤压技术	高级	3~6	低	企业	自主研发
	3.2	镁合金型材等温挤压工艺及模具的制造技术	高级	0~3	低	企业	自主研发
	3.3	镁合金铸-锻双控成型技术	高级	3~6	低	产学研	技术合作
	3.4	快速挤压成型技术	中级	3~6	中	产学研	技术合作
	3.5	镁合金型材矫直处理技术及装备	中级	0~3	中	产学研	技术合作
	3.6	挤压过程数字模拟技术及模具设计	中级	0~3	低	企业	技术合作
	3.7	宽幅镁合金薄板轧制技术与装备	中级	3~6	中	政府资助	技术引进
	3.8	连续铸轧工艺及设备开发	中级	3~6	中	产学研	技术合作
	3.9	镁合金塑性变形机理研究	中级	3~6	中	政府资助	技术引进
	3.10	“镦粗+超塑性锻造”复合成型技术	一般	6~10	高	产学研	技术合作
	3.11	新型高效镁合金塑性成型技术	一般	6~10	高	政府资助	技术引进
	3.12	高应变速率下超塑性加工成型技术	一般	3~6	中	政府资助	技术引进
	3.13	大型构件等温锻造技术	一般	6~10	高	企业	自主研发
	3.14	镁合金板料温冲压成型数值模拟技术	一般	6~10	高	产学研	技术合作

续表 9 - 1

领域	编号	技术研发需求项目内容	优先级	时间节点/年	风险级	研发主体	研发模式
4. 镁合金应用与产品开发	4.1	高效低能耗微弧氧化技术	高级	0~3	高	政府资助	技术引进
	4.2	镁合金新型连接技术	高级	3~6	低	政府资助	技术合作
	4.3	镁合金液态模锻技术	高级	3~6	高	企业	自主研发
	4.4	无铬化处理的产业化应用技术	高级	3~6	低	产学研	技术合作
	4.5	镁合金铸轧复合成型技术	高级	6~10	高	产学研	技术合作
	4.6	表面抗腐蚀机理	中级	6~10	中	产学研	技术合作
	4.7	镁合金液态模锻设备研究	高级	6~10	中	政府资助	技术引进
	4.8	镁合金流变成型技术	中级	3~6	高	产学研	技术合作
	4.9	快速凝固技术	中级	6~10	中	企业	自主研发
	4.10	废水废渣的循环利用技术	中级	6~10	中	企业	自主研发
	4.11	镁合金有机涂层、金属涂层及其他表面改性技术	中级	6~10	高	产学研	技术合作
	4.12	镁合金焊接自动化技术	中级	3~6	高	产学研	技术合作
	4.13	镁合金电化学镀技术	中级	3~6	高	产学研	技术合作
	4.14	具有先进成膜机制的绿色表面处理技术	中级	3~6	中	政府资助	技术合作
	4.15	金属膜性能质量评价体系	中级	6~10	中	政府资助	技术合作
	4.16	适合镁合金的新型先进焊接装备开发	中级	3~6	中	产学研	技术引进
	4.17	先进焊接过程保护技术	中级	3~6	中	企业	自主研发
	4.18	在线溶液检测技术	一般	3~6	中	产学研	技术合作
	4.19	先进的镁粉、镁粒的生产技术和安全监控技术	一般	0~3	中	产学研	技术合作
	4.20	牺牲阳极生产过程中的快速检测及提高电性能的方法	一般	0~3	中	政府资助	技术合作
	4.21	可热处理镁合金生产制造工艺及其热处理状态	一般	6~10	低	企业	自主研发
	4.22	半固态成型设备的制造和半固态浆料的控制	一般	6~10	低	产学研	技术合作
5. 产品分析检测	5.1	镁合金熔体质量在线检测技术	高级	0~3	高	产学研	技术合作
	5.2	镁及镁合金检测数据库建设	高级	0~3	高	政府资助	技术引进
	5.3	镁及镁合金标准试样制备技术	中级	0~3	高	产学研	技术合作
	5.4	白云石（煅白）成分、结构快速分析技术	中级	0~3	中	企业	自主研发
	5.5	球团料硅含量快速分析技术	中级	3~6	中	企业	自主研发
	5.6	镁合金金相图谱	中级	3~6	中	政府资助	技术合作
	5.7	出口镁产品主要技术壁垒及解决方案	中级	6~10	低	产学研	技术引进
	5.8	镁及镁合金检测标准建设	中级	6~10	低	企业	自主研发

9.2 鹤壁市镁产业共性技术研发项目（高级）分析

为实现鹤壁市镁产业发展目标，促进鹤壁市经济社会快速发展，必须克服镁产业发展过程中的技术难点。在鹤壁市镁产业技术路线图研究论证过程中，专家们将克服技术难点的研发项目分为“高级”、“中级”、“一般”三个级别，其中列为“高级”的共20项，均为鹤壁市镁产业发展过程中的共性技术。为便于在实践中操作，在技术路线图制定过程中对上述“高级”项目进行了具体研究和分析。

9.2.1 工业化竖罐还原炼镁技术

硅热还原炼镁生产工艺普遍采用横罐还原生产技术，生产过程中装料、出镁和出渣是生产中三个重要的环节，这三个环节劳动环境差、劳动效率低。而采用竖罐还原炼镁生产技术，将还原罐竖向配置，上部加料、下部出渣，与横罐炼镁工艺相比，竖罐装料、出渣方便快捷，生产中减轻了劳动强度，改善了劳动环境，实现了降低生产成本、节能减排的目的。虽然很多研究机构对竖罐还原炼镁技术都进行了试验，但在工业化生产过程中仍存在诸多问题，目前主要的解决思路是合理解决装料、出镁和出渣过程中的设备正常运行问题。

工业化竖罐还原炼镁技术的主要难点如下：

（1）还原罐结晶器变形原因不是很明确，其工业化使用技术有待于进一步优化；

（2）出渣设备机械故障多，需进一步设计；

（3）出镁时卡罐现象严重，还原罐结构需进一步改进。

工业化竖罐还原炼镁的关键技术如下：

（1）大直径还原罐制备材料及制备技术；

（2）新型自动还原出渣设备开发。

9.2.2 新型镁合金熔炼保护气

镁合金熔体保护技术是当今生产高纯度、高质量镁合金的主要关键技术。气体保护法是在镁合金液表面覆盖一层惰性气体或者能与镁反应生成致密氧化膜的气体，从而隔绝空气中的氧与镁液的接触，起到保护作用。目前工业上常用的保护气体主要有 SF_6 和 SO_2 等，常用的载流（稀释）气体有干燥压缩空气、N_2、CO_2 中的一种或者任意两种或三种的混合物。

但是，SF_6 具有很高的温室效应（是 CO_2 的23900倍，在大气中能存在3200年），将引起气候变化和全球变暖问题，目前国内外研究者正积极寻找绿色环保的 SF_6 替代气体。已报道的 SF_6 替代气体大致有两类：第一类是无氟化合物，主要是 SO_2；第二类是 SF_6 以外的其他含氟化合物，如 BF_3 等。

工业生产中普遍采用瓶装 N_2 作为载流气体，用量大、成本高，同时还会带来气瓶的储存、安全等现场管理问题和运输问题。因此，如何通过技术创新、降低载流气体的使用成本成为当前镁熔体气体保护技术的另一发展方向。目前的主要解决思路是现场在线制备载流气体，不仅可以降低成本，而且可以彻底解决瓶装气体的储存、安全等现场管理问题和运输问题。

新型镁合金熔炼保护气研发项目的主要难点如下：

（1）替代气体的阻燃保护机理不完全明确，其工业化使用技术有待于进一步优化；

（2）替代气体高温分解产物和反应产物的环境冲击及毒副作用不完全明确，成为工业推广应用的障碍之一；

（3）替代气体高温下对设备及厂房的腐蚀性研究及其防范治理技术研究开发不足，成为工业推广应用的另一障碍。

新型镁合金熔炼保护气研发项目的关键技术如下：

（1）新型替代保护气体选择及其阻燃保护机制、保护效果调控和优化技术；

（2）新型替代保护气体高温分解产物和反应产物的环境冲击及毒副作用研究及其防范治理技术开发；

（3）适合工业规模生产的高效、低成本载流气体技术开发。

9.2.3 镁合金熔体净化技术

由于镁化学性质活泼，高温下会与众多物质如 O_2、H_2O、N_2 等反应，在原镁生产及合金熔炼过程中极易产生氧化及夹杂，恶化镁合金品质及力学性能，甚至使产品报废。夹杂物作为显微裂纹发源地，对镁合金材料伸长率、断面收缩率、断裂韧性和疲劳抗力等性能具有恶化作用，还伴生气孔、缩松等缺陷，残留在镁合金液中的熔剂夹渣（如 $MgCl_2$）还会加速镁合金材料的腐蚀。因此，有必要采取净化措施来提高镁合金熔体的纯净度，提升镁合金的品质。

熔剂净化法是普遍采用的方法，其利用熔剂与熔液的充分接触来润湿夹杂物，使夹杂物团聚并与熔剂结合形成大颗粒沉淀在坩埚底部，从而达到与金属液分离的目的，但现有的熔剂与镁合金熔体的分离性差，致使部分熔剂作为熔渣残留在合金液中形成熔剂夹杂，而且净化效率低，并存在环境污染问题。此外，现有熔剂中的主要组分 $MgCl_2$ 会与稀土元素发生反应，不仅导致昂贵稀土元素大量损耗，而且影响合金成分与性能的稳定。在过滤净化方面，缺乏镁熔体专用的大尺寸 MgO 陶瓷过滤器。目前还没有集熔剂净化、过滤净化、气体净化及稳态传输于一体的高效镁合金熔体复合净化系统，因此有必要对镁合金熔体净化技术进行深入系统的研究。

镁合金熔体净化技术的主要难点如下：

（1）提高熔剂夹杂物与金属镁熔体的分离性；

（2）开发新型高效绿色镁合金熔剂；

（3）开发出稀土镁合金专用净化熔剂；

（4）镁合金熔体洁净度评价方法及测试仪器研制；

（5）开发集熔剂净化、过滤净化、气体净化及稳态传输于一体的高效镁合金熔体复合净化系统。

镁合金熔体净化技术的关键技术如下：

（1）镁合金熔体脱氢技术；

（2）探明熔盐－镁合金液－气体多相界面的交互作用，建立熔剂材料的设计原则；

（3）阐明稀土镁合金净化过程中动态抑制稀土损耗的理论，开发出稀土镁合金专用净化熔剂；

（4）研究 MgO 陶瓷的烧结工艺，研制开发出尺寸大于 ϕ350mm 或 350mm × 350mm 的镁合金专用氧化镁泡沫陶瓷过滤器。

9.2.4　高强高韧镁合金开发

当前，采用常规化的制备手段开发高强高韧铸造镁合金可分为两个层次：第一层次目标是发展抗拉强度超过 300MPa、伸长率可达 8% ~15%、综合性能优良的低成本铸造镁合金，用于汽车、电子等民用行业；第二层次目标则是发展抗拉强度接近 400MPa、伸长率可达 6% ~10% 的更高强度的铸造镁合金，用于航空航天及军事武器等领域。

由于稀土元素特殊的价电子结构以及在镁合金中显著的强化效果，使 Mg-RE 系成为发展高强度镁合金的一个重要合金系。我国作为稀土资源第一大国，在这方面的研究更值得期待。

高强高韧镁合金开发的主要难点如下：

（1）高强高韧镁合金时效处理时内部微观结构分析；

（2）镁合金内部析出相之间、析出相与基体之间的界面接合和匹配情况；

（3）高强高韧镁合金的强化机制。

高强高韧镁合金开发的关键技术如下：

（1）寻找有效的镁合金强化相及其制备工艺，探寻镁合金强化、韧化的有效途径；

（2）综合考虑晶粒细化、固溶强化、弥散强化等各种因素，探索多因素交互强化的途径与控制手段；

（3）进行有效的晶界与织构设计，获得高强高韧镁合金成分设计准则。

9.2.5　耐热镁合金开发

镁合金的高温性能较差，使得镁合金的应用受到很大限制，目前主要通过引入热稳定性高的第二相，从降低元素在镁合金基体中的扩散速率，改善晶界结构状态和组织形态等方面提高镁合金耐热性，目标是在不大幅度增加成本的前提下，提高镁合金在 150 ~200℃区间的高温强度和抗蠕变性能，使其具有良好的铸造工艺性和耐热性。现有的耐热镁合金系中，镁铝系和镁锌系价格低廉，但是耐热性能不理想；镁 – 稀土系的耐热性能好，适用于 200 ~300℃长期工作的零部件，但是稀土合金的高成本是其被广泛应用的一大障碍；而钙、硅的价格相对比较便宜，并且对镁合金高温性能的提高有着明显的优势。因此，当前耐热镁合金的开发应兼顾提高性能和降低成本两个方面。通过添加硅、钙、锶、锑、铋、稀土等元素来强化基体和晶界，提高高温强度，应该是目前廉价耐热镁合金开发的一个重要的方向。

耐热镁合金开发的主要难点如下：

（1）揭示高温强化相的热稳定性、晶界结构及其对镁合金高温耐热性能的影响规律；

（2）通过多元合金化、凝固控制和热处理等多种手段，探寻提高镁合金高温性能的途径。

耐热镁合金开发的关键技术如下：

（1）适用于工业化生产的耐热镁合金的熔体质量控制技术；

（2）具有热稳定性的合金相的组织、大小和数量控制技术。

9.2.6 高性能、高品质、高密度、低成本压铸技术

压力铸造自20世纪40年代问世以来，作为一种金属零件接近最后形状尺寸的精密加工工艺，其发展方兴未艾。但压铸件难以避免的缺陷是内部气孔和疏松，产生的原因在于充型时，型腔内的气体没有完全排出，且在铸件凝固收缩时也得不到补缩，这对压铸件的性能和扩大其应用范围都有不利的影响。

高性能、高品质、高密度、低成本压铸技术的主要难点如下：

（1）压铸件一些固有的问题未得到彻底解决，合金的潜能未得到充分发挥；

（2）新型压铸技术不成熟，缺乏高性能产品，压铸产品致密度低，严重制约其应用；

（3）压铸基础理论及工艺的研究不深入；

（4）压铸中计算机模拟技术和自动化技术水平不高。

高性能、高品质、高密度、低成本压铸技术的关键技术如下：

（1）完善现有技术、开发新型压铸技术成为关键，如真空压铸、超高速压铸、超低速压铸、半固态压铸等各种新技术广泛应用；

（2）深化压铸基础工艺的研究；

（3）压铸工艺技术应不断革新，向节能降耗、精简、高速高效的方向发展，节约成本；

（4）利用CAD进行压铸工艺设计，也是计算机在压铸工艺设计上的重要应用之一，可以提高工艺设计速度和设计精度；

（5）推行计算机集成制造系统（CIMS），实行CIMS就是借助计算机网络、数据库集成各部门生产的数据，综合运用现代管理技术、制造技术、信息技术、系统工程技术，将企业生产全过程中有关人、技术、设备、经营管理四要素及信息流、物质流有机地集成，并实现产品的高效、优质、低耗、上市快，使企业在竞争中立于不败之地。

9.2.7 大型厚壁镁合金构件的新型铸造技术

目前大型厚壁镁合金构件少，产品附加值低，普通铸造技术往往难于满足产品开发需要。砂型铸造成本高，生产周期长，质量差，除航空航天领域未见有商业应用。普通压铸很难生产出大型厚壁镁合金构件，为拓宽产品应用需开发新型铸造技术。

大型厚壁镁合金构件的新型铸造技术的主要难点如下：

（1）铸造镁合金技术开发迟缓，铸造性能差，影响新型铸造技术的开发；

（2）新型铸造技术的理论研究落后；

（3）新型铸造技术开发迟缓，动力不足；

（4）新型铸造技术的自动化水平不高，设备开发落后，生产效率低。

大型厚壁镁合金构件的新型铸造技术的关键技术如下：

（1）低成本真空压铸及充氧压铸技术；

（2）新兴铸造镁合金开发；

（3）新型铸造相关模具开发前的工艺虚拟模拟及优化技术；

（4）新型铸造的高效低成本生产技术，以及高成品率、高工艺收得率的工艺控制技术。

9.2.8 先进压铸模具制造技术

模具制造技术是镁合金压铸的核心技术，包括模具钢材料、模具设计及加工工艺、数控加工中心、模具表面处理技术和模拟软件开发及运用等综合技术，它是制约铸造生产效率提高和成败的瓶颈。

先进压铸模具制造技术的主要难点如下：

模具设计要充分考虑直接铸造的特性和工具内金属流体的复杂流动性，通过借助于镁合金铸造过程模拟软件，在计算机上描述整个铸造成型过程，获得变形体的应力应变分布、温度分布、金属流速分布及力－行程曲线，预测实际压铸过程中可能出现的缺陷，然后修改模具结构，调整工艺参数，提高试模通过率，最终实现“零试模”。国外模具设计通过模拟仿真进行虚拟制造，达到“零试模”。国内也开始应用计算机数值模拟进行模具设计和制作，即压铸 CAD/CAE/CAM 技术，但国内处于刚刚起步阶段，还有很多需要研究。

模具材料和相关热处理工艺国外已相当成熟，高纯净的模具材料和先进的热处理工艺，赋予了模具材料优质的综合性能，多元共渗等复合表面处理工艺极大地提高了模具表面的耐高温耐磨损性能，但是国内在这方面还是很落后。

先进压铸模具制造的关键技术如下：

（1）模具设计模拟仿真和虚拟制造技术；

（2）高纯净的压铸模具材料和先进的热处理技术。

9.2.9 大吨位实时控制高精度压铸设备制造技术

据统计，国内目前压铸设备最大吨位为 3000t，而国外在 20 世纪 90 年代末期，欧洲已经制造出 5000 t 的压铸机。就压铸精度而言，国内现在大部分压铸设备还达不到国外压铸设备的精度和控制水平。

大吨位实时控制高精度压铸设备制造技术的主要难点如下：实时控制压铸机是一个集压铸机整体操作控制、压射过程实时闭环控制、压铸生产管理于一体化的智能化压铸机。大吨位压铸机需解决运动部件惯性大、液压系统液量大、控制系统复杂等一系列技术难点。

大吨位实时控制高精度压铸设备制造技术的关键技术如下：

（1）承载受力构件进行结构优化设计，针对压铸机超大锁模力，保证锁模机构的稳定性；

（2）高压射速度和建常压力的复杂油路系统设计；

（3）大流量、高响应压铸机专用伺服阀的硬件研制，数学建模与系统集成；

（4）压铸生产过程高速数据采集与存储技术的软硬件开发；

（5）实时控制的软硬件研制与系统集成，人机界面与控制软件开发；

（6）大吨位压铸机的远程控制系统及信息系统的开发应用。

9.2.10 大型、复杂截面薄壁件挤压技术

大多数镁合金具有密排六方结构，因此人们一直认为镁合金是一种难以塑性变形、压

力加工成型性能差的金属材料。同时，大多数镁合金又具有较好的铸造性能，使得目前镁合金产品以铸件，特别是压铸件居多，塑性加工产品极少。然而，由于铸件的力学性能不够理想，变形镁合金在强度和伸长率方面均优于压铸镁合金，前者比后者的力学性能要高出30%～50%，用变形镁合金制造零件可以更薄更轻。因此，变形镁合金的研究已成为世界镁工业发展中的重要方向，并已经取得了很多重要的成果。

目前已经成功地制备出多种规格型号的镁合金挤压产品，包括不同型号的板、管、棒、型材等，经过挤压制备的镁合金产品具有晶粒细小、强度高、伸长率高等优点。但国内外对镁合金挤压变形工艺的研究还处于起步阶段，工作主要集中在实验研究方面。

大型整体薄板和空心断面的复杂薄壁型材一般是在80MN以上的大型挤压机上生产的。这些挤压机上配有扁挤压筒，可生产高精度薄壁扁宽型材。

目前我国自行研制的大断面、复杂截面镁合金型材已应用于Y7、Y8、J7、J8、JH7、Z8等军用和民用飞机及地铁、轻轨、高速列车车辆的研制，但前期研究不够深入，对材料的整体认识还不够，尤其是对挤压过程中材料的不均匀流动状态和受力特点认识不够。

大型、复杂截面薄壁件挤压技术的主要难点如下：研制中存在材料组织与性能不稳定，型材弯曲、扭曲、开裂、壁厚不均现象严重，探伤合格率低，粗晶环和晶粒粗化严重，产品的综合成材率很低等。

大型、复杂截面薄壁件挤压技术的关键技术如下：大型挤压模具和扁挤压筒的设计与制造。

9.2.11 镁合金型材等温挤压工艺及模具的制造技术

在常规金属热挤压过程中，由于坯料的变形和温度的不均匀分布，导致产品的尺寸、形状、组织和性能等存在不均匀性，而等温挤压工艺对于减小这些不均匀性，是一种理想的方法。等温挤压工艺的特点就是要确保在整个挤压过程中，模孔附近变形区金属的温度始终保持恒定或基本恒定，尽量保持金属变形抗力和金属流动的均匀性，使模孔的尺寸不变或基本不变，从而获得较高精确度的挤压型材的形状与尺寸，同时，其组织与性能沿断面和长度方向均匀性也获得了提高。进行等温挤压控制，核心是要控制好挤压过程中出模口温度，测量挤压过程中模孔附近的实际温度变化，也就成了等温挤压控制的重要参数。

根据现有对等温挤压技术的研究发现，闭环控制等温挤压技术目前已经成为国际上最先进的等温挤压技术，并且在国外已经应用。在国内，由于现有测量和控制技术的原因，主要靠模拟等温挤压控制方法，将所得的挤压速度曲线应用到实际挤压过程中，从而实现等温挤压的目的。

目前，上海交大已经掌握了AZ31、AZ61、AZ80、AM30、ZK60、JDM1、JDM2等镁合金可工业化生产的挤压极限图和加工图，优化了工艺，建立了变形镁合金等温挤压模具设计原则与制造技术图，并优化了镁合金挤压润滑剂，制备了大量不同截面形状的高品质镁合金型材，但实时闭环控制的等温挤压技术在国内仍是空白。

镁合金型材等温挤压工艺及模具制造技术的主要难点如下：

（1）用新模时，需要进行试挤压才可获得温度控制的目标值；

（2）系统不能自动地获取其所需温度控制目标值与挤压速度极限值；

(3) 模具结构精度低，有待进一步优化；

(4) 出模口温度测量主要依靠热电偶测温法，响应速度较慢。

镁合金型材等温挤压工艺及模具制造的关键技术如下：

(1) 出模口温度测量系统开发；

(2) 出模口温度与挤压速度联动调节系统开发；

(3) 挤压模具优化设计及数字化制造技术。

9.2.12 镁合金铸－锻双控成型技术

所谓铸锻双控成型，是指在液态成型过程中，同时实现制件形状和使用性能的精确控制。这种工艺不仅具有压铸工艺的高尺寸精度、高生产率和好的表面特性等优点，同时其对铸件的锻压使铸件内部组织更为致密，气孔和疏松等缺陷明显减少，从而获得了良好的力学性能。缺陷的减少使得产品热处理变为可能，这样对铸锻样品进行热处理可以进一步提高压铸件的性能。因此，通过铸锻双控技术可以在一定程度上扩大镁合金产品的应用范围，使得铸锻方法成为生产镁合金轮毂等铸件的一个选择，将来这种方法也必然应用于更多领域。

目前，嘉瑞集团设计并试制了国内首台镁合金铸－锻双控成型设备及工装模具（立式），进行了 AZ91D 镁合金宝马摩托车缸体零件铸－锻双控成型工艺试验研究，取得了良好的试验效果。

铸－锻双控技术还是一种新的工艺，处于刚刚起步阶段，其主要难点包括：液态铸－锻双控成型工艺参数的协调优化；研究镁合金的组织性能与工艺的关系；设计和制造双控成型模具和成型机以实现压铸和锻造的功能。

镁合金铸－锻双控成型的关键技术主要是通过控制压射速度、模具温度、浇注温度、模锻延时和锻造压力等工艺参数来实现对制件性能的控制。其中最关键的是对模锻延时（亦即模锻时型腔中金属状态）的控制。

9.2.13 高效低能耗微弧氧化技术

由于镁合金的密度小，属于绿色金属材料，各个行业都对此产生了广泛重视。但由于其自腐蚀电位低，抗腐蚀性能有限，需要进行适当的表面保护处理方可用于汽车等交通行业。因此，开发既可满足镁合金制品抗环境腐蚀，又无环境污染的表面处理装备和工艺技术被视为镁合金开发应用及产业化的关键技术之一。

首先，镁合金微弧氧化具有工艺环保的优点，由于理论上微弧氧化是属于不消耗溶质元素的处理工艺，因此可以做成清洁生产的产业；其次，微弧氧化处理能在制品表面原位生成陶瓷涂层，陶瓷质的高硬度、高阻抗和高稳定性满足镁合金在各行业中的应用。其缺点是由于微弧氧化需要形成微区弧光，因此对能源的消耗会比较大。

高效低能耗微弧氧化技术的主要难点及关键技术如下：

(1) 微弧氧化的低能耗电解液配方的设计与优化；

(2) 低能耗微弧氧化工艺与陶瓷涂层钝化膜综合性能、生长过程等的相互作用关系；

(3) 微弧氧化电解液的工艺稳定性与长效性的控制技术，实现处理液的工艺稳定性与长效性。

9.2.14 镁合金新型连接技术

随着镁合金在汽车、交通、民用产品等领域的广泛应用，使得镁合金的连接技术成为解决镁合金冲破应用瓶颈的迫切问题，同时也得到了国内外研究学者的进一步关注。尽管各种焊接技术都有各自的优点和潜力，但是迄今为止并没有形成较为成熟的工艺方法，所以针对目前的研究现状，为获得良好、可靠的焊接接头，其主要难点如下：

（1）镁合金焊接基础理论研究少，不深入；

（2）焊接工艺不成熟，焊头不可靠；

（3）镁合金与异种材料的焊接技术不成熟，难于克服电偶腐蚀等现象。

其关键技术如下：

（1）加强镁合金焊接理论性的研究，通过输入合理的焊接控制参数、控制熔池或电弧的特征参数来提高焊接接头的可靠性；

（2）深入研究有潜力的焊接方法，特别是复合热源焊接技术，通过调整适当的工艺，充分发挥各自优点，进一步提高焊接接头的综合性能；

（3）加强研制开发镁合金与异种材料的焊接技术，通过各种应用软件的研究，建立对焊接过程温度场的模拟，以便更好地控制整个凝固过程。

9.2.15 镁合金液态模锻技术

液态模锻是铸造技术和热模锻技术的复合。该项技术利用金属铸造时液态流动成型容易的特点，结合热模锻技术，使已凝固的封闭金属硬壳在压力作用下进行塑性变形，强制性地消除因金属液态收缩、凝固收缩所形成的缩孔和疏松，以获得无任何铸造缺陷的各种液态模锻件。因此，液态模锻件与铸件相比，补缩彻底，易于消除各种缺陷；与热模锻件相比，成型容易，所需成型力小，即液态模锻新技术充分利用了铸造和热模锻的长处，同时也弥补了这两种工艺的不足。利用液态模锻技术生产的金属产品不仅质轻耐用，而且价格低廉，市场竞争能力强。

目前液态模锻技术的主要应用对象是铝合金、锌合金等有色金属及其复合材料，在镁合金上的应用还非常少，将现有的液态模锻工艺技术移植到镁合金上难以成功。

镁合金液态模锻技术的主要难点如下：

（1）镁合金液态模锻基础研究依然非常薄弱，生产应用技术的开发更是有待深入；

（2）缺乏符合镁合金工艺特性、适合高效规模生产高品质镁合金零件的高性价比液态模锻工艺技术；

（3）缺少液态模锻大型设备和模具。

镁合金液态模锻的关键技术如下：

（1）镁合金液态模锻生产工艺研究；

（2）低成本的液态模锻专用设备的研究与开发；

（3）镁合金液态模锻模具研究与开发和模具开发前的模拟和优化技术。

9.2.16 无铬钝化处理的产业化应用技术

在众多的镁合金表面处理技术中，化学转化膜钝化＋涂装的表面处理工艺具有效率高、成本低、易于实现批量生产的优点，受到广泛重视。镁合金的化学转化钝化处理技术主要有：磷酸盐处理（磷化）、高锰酸盐处理（氧化）和氟化锆盐处理（氟化）、植酸转化膜、稀土转化膜等。其中铬酸盐钝化处理技术最为成熟，应用最为广泛，但是，因 Cr^{6+} 为易致癌物质，含铬制品的生产和销售已逐渐受到限制。对于镁合金制品，对其表面进行无铬钝化处理是未来发展的必然趋势。因此，开展镁合金制品表面无铬钝化技术的研究和开发具有重要的意义。

无铬钝化处理的产业化应用技术的主要难点如下：

（1）快速成膜的药剂配方不完善；

（2）无铬钝化槽液不稳定，难于长效。

无铬钝化处理的产业化应用的关键技术如下；

（1）具有低成本且可室温下快速成膜的药剂筛选及配方设计与优化，包括基础液配方、复合添加物、氧化剂、促进剂等添加成分的遴选；

（2）工艺与钝化膜综合性能、生长过程及外观之间的相互关系及其工艺优化，实现镁制品表面常温快速成膜；

（3）无铬钝化膜的综合性能研究，建立镁制品无铬钝化膜性能的检测标准及综合评价体系，推进无铬钝化技术的发展；

（4）开发镁制品无铬钝化槽液工艺稳定性与长效性的控制技术，实现处理液的工艺稳定性与长效性。

9.2.17 镁合金铸轧复合成型技术

铸轧技术是冶金及材料领域的一项前沿技术，是将连续铸造、轧制甚至热处理等工艺串联为一体，铸出毫米级的薄带坯，经在线轧制后一次性形成工业产品，是短流程的先进加工技术。

从现在镁合金薄板坯水平双辊连续铸轧工艺看，虽然工艺流程大大缩短，但薄板轧制速度偏低，生产效率不高，对于薄板立式双辊连铸轧技术的研究和开发才刚刚起步。

镁合金铸轧复合成型技术的主要难点如下：

（1）铸轧系统传热效率不高，薄板坯水平双辊连续铸轧速度低；

（2）对立式双辊连铸轧技术，铸轧参数难于控制、熔体的均匀布流以及熔池的稳定控制是亟待解决的难题。

镁合金铸轧复合成型的关键技术如下：

（1）研究水平连续铸轧系统传热效率，提高铸轧速度；

（2）完善立式双辊连铸轧技术，开发适合制备较薄的宽凝固区间镁合金薄板；

（3）研究熔体的防护技术及薄板坯组织质量的有效控制方法。

9.2.18 镁合金液态模锻设备研究

随着镁产品市场的需要和液态模锻技术的发展，国内相关设备生产厂家开始开发新型的液态模锻机器。国外生产液态模锻设备的典型厂家主要是日本宇部公司，该公司垄断了高端液态模锻装备的大部分市场，除了其设备价格昂贵外，生产大型部件的大吨位设备还对华禁售，所以，大型液态模锻装备及模具在我国还是空白。

镁合金液态模锻设备研究的主要难点如下：

（1）设备和模具如何与镁合金物化特性（高温下易氧化、凝固过程中收缩系数大、导热系数大、单位体积热含量小、凝固时间短等）相适应；

（2）自动化的密闭熔体转移技术及部件开发；

（3）与大型零部件液态模锻工艺参数相适应的可调控设备参数设计及集成；

（4）大型液态模锻模具的设计及制造；

（5）液态模锻设备的自动化设计，减少人工的参与，实现工艺参数的重现性，提高生产效率。

镁合金液态模锻设备研究的关键技术如下：

（1）高精度的集成智能控制系统技术；

（2）密闭保温熔体自动转移技术及装备；

（3）大型液态模锻零部件模具开发前的工艺虚拟模拟及优化技术；

（4）液态模锻设备及模具的高效低成本生产技术，以及高成品率、高工艺收得率的工艺控制技术。

9.2.19 镁合金熔体质量在线检测技术

在线检测就是直接安装在生产线上，通过软测量技术实时检测、实时反馈，以此来更好地指导生产，减少不必要的浪费。目前钢铁生产及铝等金属熔炼过程中大都采用了在线检测技术，但由于镁及镁合金的特殊性能，在镁合金熔炼过程中利用在线检测技术的地方还较少，基本上还是采用生产过程中定时离线分析的方法，即每几小时采样一次，送化验室进行人工分析，然后根据分析值来指导生产。由于时间滞后大，因此远远不能满足在线控制的要求。近年来，随着科学技术的迅猛发展和市场竞争的日益激烈，为了保证产品的质量和经济效益，先进控制和优化控制纷纷被应用于工业生产过程中。

镁合金熔体质量在线检测技术的主要难点如下：

（1）在线检测是一个十分复杂的工业大系统，其本身就存在大量的不确定性和非线性因素；

（2）镁合金熔炼生产在线检测的安全性要求较高。

镁合金熔体质量在线检测技术的关键技术如下：

（1）镁合金在线检测数学模型；

（2）镁合金质量变量在线实时测量技术；

（3）镁合金熔炼过程参数和质量指标传感器在线检测技术。

9.2.20 镁及镁合金检测数据库建设

在国外，材料数据库系统已经成为现代产品设计和先进制造技术的支柱，而我国自20世纪80年代起，一些研究单位才逐步建成了一些较完善的材料数据库系统，但能投入实际使用的还不多，总体的开发和应用水平较低，与社会及科技发展水平很不相称。在金属材料数据库的研究开发中，更多的是钢铁材料，轻合金数据库系统的研究开发较少，尤其是当前国内外研究较热的铝、镁合金的数据库研究更少。随着计算机网络技术的飞速发展，建立一个镁合金数据库系统，充分利用网络资源，实现镁合金数据的动态查询和更新，不但可以缩短镁合金的研究周期，而且可以减少一定的工作量和劳动成本，对镁合金的研究发展十分必要。

镁及镁合金检测数据库建设的主要难点如下：

（1）镁及镁合金相关数据较少，收集困难；

（2）镁及镁合金数据的准确性来源。

镁及镁合金检测数据库建设的关键技术如下：

（1）适用于检索的镁及镁合金数据库构建模型；

（2）镁及镁合金数据分析系统建设。

9.3 鹤壁市镁产业技术路线图的绘制

在前面研究论证的基础上，技术路线图制定工作组进入绘制路线图的阶段。技术路线图的绘制一般包括专项分析路线图和综合技术路线图的绘制，现分别对其进行叙述。

9.3.1 鹤壁市镁产业技术发展专项分析路线图

9.3.1.1 鹤壁市镁产业技术发展研发需求路线图

鹤壁市镁产业技术发展研发需求路线图是根据各种研发需求项目属性特征，并依据时间节点进行分组，明显地标识出政府资助、产业开发和企业研发的顺序（见图9－1）。该图中项目编号均参见表9－1。

企业研发	1.5 2.3 2.5 3.2 3.6 5.4	1.12 1.13 1.14 1.16 2.10 3.1 4.3 4.17 5.5	1.20 2.7 3.13 4.9 4.10 4.21 5.8
产学研开发	1.2 1.3 2.2 2.6 3.5 4.19 5.1 5.3	1.7 1.9 1.10 1.15 2.4 2.9 2.11 3.3 3.4 3.8 4.4 4.8 4.12 4.13 4.16 4.18	1.19 3.10 3.14 4.5 4.6 4.11 4.22 5.7
政府资助	1.1 1.4 2.1 4.1 4.20 5.2	1.6 1.8 1.11 1.17 3.7 3.9 3.12 4.2 4.14 5.6	1.18 2.8 2.12 2.13 3.11 4.7 4.15 4.23
时间	0~3年	3~6年	6~10年

图9－1 鹤壁市镁产业技术发展研发需求路线图

9.3.1.2 鹤壁市镁产业技术发展风险－利润路线图

在前面风险研讨论证基础上，再一次请专家及企业人员就利润进行研讨论证，统一意见后，将研发项目置于以风险程度为横轴，以可能实现的利润程度为纵轴，通过该坐标系，可以看到每一个项目风险和利润间的相关性（见图9－2）。该图中项目编号均参见表9－1。

9.3.1.3 鹤壁市镁产业技术发展模式路线图

将研发需求项目按自主研发、技术合作、技术引进三种模式，并按照一定的时间节点进行分组，以显示在一定时间节点上的技术研发模式（见图9－3）。该图中项目编号均参见表9－1。

	低风险	中	高风险
高利润	1.13 1.14 1.20 2.2 3.2 3.3 3.6 4.2 4.21 4.22 5.8	1.5 1.8 1.9 1.12 2.1 2.7 2.10 2.11 3.4 3.5 3.7 3.8 4.9 4.10 4.14 4.15 4.18 4.19 4.20 5.4	1.1 1.2 1.4 2.12 3.11 3.14 4.1 4.5 4.13 5.1 5.2
低利润	1.15 1.16 1.17 1.18 1.19 2.8 3.1 4.4 4.23 5.7	1.6 1.7 1.10 1.11 2.3 2.5 2.6 2.13 3.9 3.12 4.6 4.7 4.16 4.17 5.5 5.6	1.3 2.4 2.9 3.1 3.13 4.3 4.8 4.11 4.12 5.3

图 9－2　鹤壁市镁产业技术发展风险－利润路线图

技术发展模式 \ 时间	0~3年	3~6年	6~10年
自主研发	2.3 2.5 3.2 5.4	1.12 1.13 1.14 2.10 3.1 4.3 4.17 5.5	1.19 1.20 2.7 3.13 4.9 4.10 4.21 5.8
技术合作	1.2 1.3 1.4 1.5 2.2 2.6 3.5 3.6 4.19 4.20 5.1 5.2	1.9 1.10 1.11 1.15 1.16 1.17 1.18 2.4 2.9 2.11 3.3 3.4 3.7 3.8 4.2 4.4 4.8 4.12 4.13 4.14 4.16 4.18 5.6	2.12 3.10 3.14 4.5 4.6 4.11 4.22
技术引进	1.1 2.1 4.1 5.3	1.6 1.7 1.8 3.9 3.12	2.8 2.13 3.11 4.7 4.15 4.23 5.7

图 9－3　鹤壁市镁产业技术发展模式路线图

9.3.2　鹤壁市镁产业技术路线图（总图）

9.3.2.1　鹤壁市镁产业技术路线图（总图）的结构

根据鹤壁市镁产业技术路线图的内容和特点，采用了多层次分领域技术路线图的形式（见附图 2），其中横坐标为时间，分为 0 ~3 年、3 ~6 年、6 ~10 年三个时间节点。在横坐标上，反映了在每个时间节点上“冶炼与熔炼”等五个技术领域的发展状况；纵向为各类要素相互关系发展状况，依次反映了各时间节点上各技术领域中市场需求、产业目标、技术难点、研发需求的状况及相互关系，反映了一定时期内镁产业相应技术领域内部发展的驱动力及运行规律，下部为资源状况。

9.3.2.2　鹤壁市镁产业技术路线图（总图）的主要内容

鹤壁市镁产业技术路线图（总图）的基本内容是对路线图制定过程的总结，其基本内容和结论在前边均有体现，只不过是在此义与其他内容有机融合，并按照技术路线图标识的需求再现出来。

在市场需求要素下，按不同领域在不同时间节点上的市场需求特征进行标识，以便识别对其他要素的驱动和影响；量化产业目标则是对一定时间节点上各个领域的量化产业目标进行标识；技术难点也处在各自的时间节点和相关领域之中。在三个时间节点中，标识出五个领域研发需求项目 77 项，其中高级 20 项、中级 40 项、一般 17 项，在这些项目中，近期 20 项、中期 34 项、中远期 23 项。这些项目的其他分析指标在前面各章中已有体现，不再赘述。

在技术路线图中，所有内容构成了一个有机的整体，标识了鹤壁市镁产业技术发展的路径。各个时间节点上各个领域及内部各要素之间的关系，通过图示一目了然。

9.4 鹤壁市金属镁产业技术创新战略联盟的成立

鹤壁市金属镁产业技术创新战略联盟是在鹤壁市科技局指导下成立的，由鹤壁市相关大学、研究院所、工程技术研究中心及鹤壁市金属镁企业组成的产学研相结合的技术创新组织，也是以企业的发展需求和各方的共同利益为基础，以提升产业技术创新能力为目标，以具有法律约束力的契约为保障形成的联合开发、优势互补、利益共享、风险共担的技术创新合作组织，将促进鹤壁市金属镁产业技术健康快速发展。成立此“联盟”对于鹤壁市镁产业技术的发展乃至打造“中国镁谷”，都有着重要意义。

9.4.1 鹤壁市镁产业技术创新战略联盟的成立基础——鹤壁市镁产业技术路线图的制定

技术路线图是一种格式化、程序化的技术管理工具。在鹤壁市镁产业技术路线图制定过程中，按照规范要求，鹤壁市镁产业企业管理人员、专家、技术人员、产业链上下游有关人员、政府及行业协会管理等人员多次聚会，在以头脑风暴组织方法的会议上，针对镁产业市场需求、产业目标、技术难点、研发需求等镁产业行业内的问题进行反复研讨磋商，最终取得了一致认识。由相互的共识，逐渐形成相互合作的愿望，应该说由于镁产业技术路线图制定完成，鹤壁市镁产业技术创新战略联盟成立的条件已经具备。同时，由于鹤壁市镁产业技术路线图的制定，镁产业技术发展的市场需求、产业目标已经明晰，技术难点和研发项目已经清楚，技术发展路径已经明确，但是，技术发展的道路还要靠我们按照技术发展的规律一步一步来走。而当今的大部分的技术研发项目靠一家企业单打独斗很难完成，这就是说，技术路线图的制定，为联盟的成立奠定了基础，同时，“联盟”的成立又成为落实技术路线图技术发展路径的必要条件。

纵观世界各国和国内，尤其是广东省技术路线图制定的实践，往往技术路线图制定完成之日，就是各种战略联盟成立之时。因此，鹤壁市镁产业技术创新战略联盟的成立，也必定是水到渠成的事。

9.4.2 鹤壁市镁产业技术创新战略联盟的主要工作范围

鹤壁市镁产业技术创新战略联盟以相关大学、科研院所以及工程技术中心为技术依托，共同开展金属镁产业中关键技术的攻关与开发，解决金属镁产业发展中的共性、关键技术问题，促进金属镁产业科学技术成果的迅速转化，推动金属镁产业快速健康发展。

其主要工作范围是：

（1）根据党和国家发展金属镁的方针政策，开展行业分析、发展规划及领域动态等方面的研讨；

（2）开展跨学科、跨部门、跨地区的各种形式的技术交流和信息交流活动，以加强校企渗透、校企联合、部门协调，使科技尽快地转化为生产力，提高鹤壁市金属镁产业的整体水平；

（3）指导金属镁行业企业，开展专业性的交流活动；

（4）及时发布金属镁行业科技信息和市场信息，普及科技知识，传播先进的金属镁行业技术和科学管理经验；

（5）组织金属镁行业企业人员培训，提高现有人员的科技水平；

（6）开展金属镁行业科技咨询服务活动，接受有关部门委托，承担本联盟中科技项目和工程项目论证、科技成果鉴定等任务；

（7）向政府及有关部门反映金属镁领域的意见和建议；

（8）举办为会员服务的有关活动；

（9）受科技局的委托，承担有关工作，如镁产业技术路线图后续管理工作等。

9.5 鹤壁市镁产业技术路线图的适用和后续管理

技术路线图制定完成后，其适用和后续管理就成为一个必须尽快解决的问题，否则再好的技术路线图其效能也不可能发挥出来。

9.5.1 技术路线图后续管理的主体

从理论上或技术路线图后续管理的惯例，产业技术路线图后续管理以政府科技部门为主，产业部门及产业协会和有关专家、主要企业的领导参与，也可由科技部门组织或委托专门组织进行管理。其基本原则是技术路线图的管理部门既要能够贴近管理层，又能够贴近产业技术一线实际，这样将为技术路线图的后续管理与修订带来极大便利。

9.5.2 鹤壁市镁产业技术路线图制定成果的发布

往往在技术路线图制定工作完成之后，为了进一步确定技术路线图的内容，确保技术路线图在实施过程中更广泛地被接受并发挥作用，通过一个适当的机会和场合，将技术路线图制定的信息与成果公之于众，以得到一个比技术路线图制定更大的专家组的评论、认定和接受。这个过程可能还会得到一些批评意见和需要改进的建议，但这也为技术路线图制定完成后的广泛适用奠定了基础。

9.5.3 技术路线图的适用机制

产业技术路线图的适用需要形成一定的机制，主要应包括落实适用主体，建立工作机制，明确修订程序与办法等。

（1）落实适用主体，就是要将技术路线图的适用工作明确落实到某个部门或组织，并为其开展工作提供必要的条件。因为在技术路线图适用过程中，要开展调研、咨询、联络、座谈、查询、文印等一系列业务活动。在此基础上，主管部门对其适用技术路线图的情况要进行定期的督查和考核。

（2）建立技术路线图适用的工作机制，就是适用技术路线图的部门如何进行工作。适用技术路线图的部门要根据技术发展路径的规划和产业发展实际情况定期或不定期进行评估，并将相关评估情况和建议向主管部门汇报，以便主管部门掌握产业技术发展情况。

适用技术路线图的部门接受市政府以及有关金融、招商、产业、规划、教育等部门的咨询，并依据技术路线图和产业实际状况给予负责任的反馈。另外，该部门还应负责本技术路线图的修订与更新工作的组织。要将以上工作做好，就相关工作程序、制度要有具体的规范性的文件。

当然，在开展技术路线图适用工作过程中，年度和技术路线图各时间节点上的计划和工作总结也是必需的。

（3）明确修订与更新工作的程序和办法。具体如下：

1）时间。技术路线图修订工作有些是每年，有些是每月，有些甚至更短。鹤壁镁产业技术路线图可每年修订更新一次，中间如遇特殊情况，可不定期按照一定程序进行修订与更新。

2）内容。鹤壁金属镁产业技术路线图制定过程中研讨论证的内容都在修订与更新之列，即变化了的市场要素，鹤壁市镁产业发展的优势、劣势、威胁、机会等要素的消长，变化了的产业目标、技术难点、研发需求项目及路径等。当然，在每次全方位修订更新过程中，最后重点还是要落脚在技术研发项目和路径上。

3）人员。鹤壁市镁产业技术路线图修订与更新工作参加人员可参照制定过程参与人员，即政府管理人员、企业人员、专家、行业协会人员及其他相关人员，可针对每次修订工作的不同的侧重点，对某些方面和领域人员有所侧重。

4）修订办法。修订采取研讨会议形式进行。政府主管部门、技术路线图适用部门、企业、专家等均可就技术路线图的修订提出议案或建议，在会上可采取头脑风暴式的讨论，最后，集中多数人的意见形成最后修改、更新意见。

5）修订成果的发布。所有修订的成果，都要正式行文发布，包括修订的时间、地点、过程、参加人员、修订的原因、修订的内容要点等，必要时可对有关内容进行适当的分析和描述。发布的范围可参照技术路线图发布的范围，可会议发布，可信函发布，也可二者结合发布。技术路线图的所有修订的文件、资料均须存入技术路线图资料数据库，以备查询。

参考文献

[1] 曾路，等．产业技术路线图原理与制定［M］．广州：华南理工大学出版社，2007.

[2] 李兴华，等．产业技术路线图——广东科技管理创新实践［M］．广州：广东科技出版社，2008.

[3] 戚文军，等．广东省镁工业技术路线图［M］．广州：华南理工大学出版社，2010.

[4]（英）罗伯特·哈尔，等．技术路线图——规划成功之路［M］．苏竣，等译．北京：清华大学出版社，2009.

[5] 于淑娟，等．甘蔗制糖产业节能减排技术路线图——广东省制糖产业科技管理创新实践［M］．广州：华南理工大学出版社，2009.

[6] 孟树昆．中国镁工业进展［M］．北京：冶金工业出版社，2012.

[7] 高自省，等．镁冶金生产技术［M］．北京：冶金工业出版社，2012.

[8] 高自省，等．镁合金压铸生产技术［M］．北京：冶金工业出版社，2012.

[9] 高自省，等．镁及镁合金防腐与表面强化生产技术［M］．北京：冶金工业出版社，2012.

[10] 孟海华．产业技术路线图研究［D］．合肥：中国科技大学，2009.

[11] 徐河，刘静安，谢水生．镁合金制备与加工技术［M］．北京：冶金工业出版社，2007.

[12] 佟瑞，李从东．技术路线图研究学科定位及国内外理论与实践评述［J］．中国科技论坛，2011（3）：142～145.

[13] 李雪凤，仝允桓，谈毅．技术路线图——一种新型技术管理工具［J］．科学学研究，2004，22（12）：89～94.

[14] 李雪凤，仝允桓，谈毅．技术路线图和技术路线图思维［J］．科学学与科学技术管理，2005（8）：26～28.

[15] 谈毅，李雪凤．基于技术路线图的产业创新模式初探［J］．中国科技论坛，2005（6）：22～26.

[16] 陈家昌．技术路线图在科技管理中的应用及其前景［J］．中国科技论坛，2007（8）：79～83.

[17] 韩晓琳，张庆普．技术路线图在知识管理中的应用［J］．预测，2007（2）：41～47.

[18] 卢光松，卢平．技术路线图与颠覆性技术创新［J］．科技进步与对策，2011（3）：11～15.

[19] 王伟．德尔菲调查法与技术路线图结合的技术预测研究——以太原市“十二五”技术发展预测为例［J］．中国科技论坛，2011（4）：103～107.

[20] 佟瑞，等．基于项目管理流程的产业技术路线图绘制［J］．科技管理研究，2010（15）：207～211.

[21] 刘传林，等．技术路线图制定流程及其柔性机制研究［J］．科学学与科学技术管理，2010（11）：50～54.

[22] 陈兵．关于天津开展产业技术路线图研究的思考和建议［J］．中国科技论坛，2009（11）：48～50.

[23] 朱星华，蒋玉涛．产业技术路线的广东实践及对政府科技计划管理的建议［J］．中国科技论坛，2008（6）：81～84.

[24] 孟海华，等．产业技术路线图的制定研究初探［J］．中国科技论坛，2008（6）：75～80.

[25] 高自省．技术路线图——提高科技管理水平的有效工具［N］．鹤壁日报，2011－1－24.

[26] 高自省．技术路线图基本特征刍议［J］．鹤壁职业技术学院学报，2011（1－2）：73～75.

[27] 高自省．区域行业技术路线图产业边界范围的界定初探［J］．科技管理研究，2011（16）：120～122.

[28] 高自省．技术路线图基本规范初探［J］．鹤壁职业技术学院学报，2011（5－6）：18～21.

[29] 高自省．河南镁工业技术路线图制定初探［J］．中国镁业，2011（12）：10～13.

[30] 高自省．关于技术路线图沟通功能的思考［J］．科技管理研究，2012（18）：200～202.

[31] 高自省．技术路线图基本功能探析［J］．技术经济与管理研究，2013（10）：12～16.
[32] 黄光胜，汪凌云，范永革，等．AZ31B 镁合金挤压工艺研究［J］．金属成型工艺，2002，20（5）：11～14.
[33] 王新，王迎新，曾小勤．AZ31B 管材挤压数值模拟及挤压极限图的建立［J］．锻造，2006，57（5）：57～61.
[34] 李远发，苏平线．液态压铸锻造双控成型技术研究［J］．特种铸造及有色合金，2006，26（9）：569～571.
[35] 李远发，李强，罗守靖，等．AZ91D 镁合金铸锻双控成型组织性能研究［J］．特种铸造及有色合金，2007，27（12）：943～946.
[36] 罗永新．镁合金挤压过程模拟实验研究［D］．长沙：湖南大学，2007.
[37] 胡基贵．基于数值模拟的等温挤压研究［D］．长沙：湖南大学，2007.
[38] 张士宏，许沂，王忠堂，等．镁合金成型加工技术［J］．世界科技研究与发展，2001，23（6）：18～21.
[39] 刘静安，徐河．镁合金材料的应用及其加工技术的发展（1）［J］．轻合金加工技术，2007，35（8）：1～5.
[40] 刘静安，徐河．镁合金材料的应用及其加工技术的发展（2）［J］．轻合金加工技术，2007，35（9）：1～5.
[41] 张春香，陈培磊，陈海军，等．镁合金在汽车工业中的应用及其研究进展［J］．铸造技术，2008，29（4）：531～535.
[42] 钟皓，刘培英，周铁涛．镁及镁合金在航空航天中的应用及前景［J］．航空工程与维修，2002，4：41～42.
[43] 康鸿跃，陈善华，马永平，等．镁合金在军事装备中的应用［J］．金属世界，2008，1：61～64.
[44] 许小忠，刘强，程军．镁合金在工业及国防中的应用［J］．华北工学院学报，2002，23（3）：190～192.
[45] 杨程，杜红星，刘晓平．镁合金在3C 产品中应用现状及前景展望［J］．铸造设备研究，2005，6：46～49.
[46] 贺春．镁合金材料在轨道交通行业中的应用前景［J］．机车车辆工艺，2009，1：12～13.
[47] 王祝堂．镁及镁合金型材的挤压［J］．有色金属加工，2004，33（1）：31～36.
[48] 崔世林．镁合金在汽车上的应用与发展趋势［J］．客车技术，2010，2：7～9.
[49] 张津，章宗和．镁合金及应用［M］．北京：化学工业出版社，2004.
[50] 戚文军．广东省镁工业技术路线图［M］．广州：华南理工大学出版社，2010.
[51] 吕宜振，尉胤红，曾小勤，等．镁合金铸造成型技术的发展［J］．铸造，2000，49（7）：383～387.
[52] 王渠东，丁文江．镁合金及其成型技术的国内外动态与发展［J］．世界科技研究与发展，2004，26（3）：39～46.
[53] 刘静安．镁合金加工技术的发展趋势与开发应用前景［J］．四川有色金属，2005（4）：1～10.
[54] 徐河，刘静安，谢水生．镁合金制备加工手册［M］．北京：冶金工业出版社，2007.
[55] 吉泽升，辛明德，梁维中，等．压铸镁合金的研究现状及应用前景［J］．新材料产业，2003（7）：19～22.
[56] 童建新．汽车和摩托车领域的镁合金压铸技术［J］．四川兵工学报，2003，24（6）：27，28.
[57] 熊守美，苏仕芳．镁合金成型技术研究进展［J］．铸造，2005，54（1）：20～23.
[58] 刘文辉，张新平，熊守美，等．孔洞对 AZ91D 镁合金压铸件性能的影响［J］．稀有金属材料与工程，2005，34（6）：872～875.

[59] 刘文辉，刘艳改，熊守美，等．减速减压工艺对镁合金压铸件质量与性能的影响［J］．中国有色金属学报，2004，14（7）：1162～1167.
[60] 石然然，李名尧，李晓霞，等．镁合金成型性能和加工技术综述［J］．铸造技术，2013，34（7）：889～891.
[61] 刘煜，刘静安，刘志国．镁合金加工工业及技术的发展特点与趋势［J］．有色金属加工，2013，42（1）：7～10.
[62] 匡建新，汪新衡，刘安民，等．5CrNiMo钢大型热锻模复合强化工艺研究［J］．热加工工艺，2011，40（6）：187～189.
[63] 董颖，董守信．用真空蒸发沉积法制取超细铝、镁粉的研究［J］．轻合金加工技术，2001，29（2）：43～45.
[64] 焦亚波，卫英慧．镁合金压铸模表面冲蚀过程分析［J］．机械工程与自动化，2008，15（5）：97～100.
[65] 逯志浩，龙思远，刘娟．镁合金复杂结构件压铸工艺分析与优化［J］．热加工工艺，2013，42（3）：56～58.
[66] 中国科学技术信息研究所加工整理．镁合金压铸技术的几个主要问题及其应用前景［J］．铸造纵横，2007，12：35～38.
[67] 王丽，付文，陈砺．镁合金腐蚀防护技术研究进展［J］．电镀与精饰，2012，34（9）：21～24.
[68] 吴丹．乙酸钠浓度对AZ91D镁合金锡酸盐转化膜的影响［J］．材料保护，2011，44（5）：43，44.
[69] 张永君，严川伟，王福会，等．镁及镁合金阳极氧化工艺综述［J］．材料保护，2001，34（9）：24～29.
[70] 边风刚，李国禄，刘金海，等．镁合金表面处理的发展现状［J］．材料保护，2002，35（3）：1～4.
[71] 戎志丹，薛峰，孙扬善，等．AZ31镁合金无铬阳极氧化新工艺［J］．材料保护，2006，39（2）：42～45.
[72] 周游，姚颖悟，吴坚扎西，等．镁合金化学转化膜的研究进展［J］．2013，35（5）：15～18.
[73] 王美娟，王日初，彭超群，等．镁合金阳极氧化研究进展［J］．腐蚀科学与防护技术，2012，24（6）：508～512.
[74] 张立香，卢建树．镁合金化学镀镍技术进展［J］．腐蚀科学与防护技术，2013，25（4）：334～338.
[75] 范鹏，曹立新，刘倩倩，等．镁合金化学镀镍前处理工艺研究进展［J］．材料保护，2013，46（7）：41～45.
[76] 杨眉，雷正，王平，等．镁合金微弧氧化技术研究进展［J］．热加工工艺，2011，40（20）：111～115.
[77] 潘明强，迟关心，韦东波，等．我国铝/镁合金微弧氧化技术的研究及应用现状［J］．材料保护，2010，43（4）：10～14.
[78] 马颖，詹华，马跃洲，等．电参数对AZ91D镁合金微弧氧化膜层微观结构及耐蚀性的影响［J］．中国有色金属学报，2010，20（8）：1467～1473.
[79] 葛延峰．镁合金微弧氧化 SiO_2 溶胶复合处理膜层的制备及耐蚀性研究［D］．西安：西安理工大学，2010.
[80] 张瑞英，王波．镁合金焊接研究现状［J］．中国科技博览，2013，32：376，379.
[81] 王立波．铝镁合金的焊接工艺分析［J］．中国新技术新产品，2013，9：140.
[82] 游国强，杜娟，谭霞，等．压铸镁合金焊接气孔问题研究现状及发展［J］．功能材料，2013，44

(4)：463～467.

［83］王绪科，周吉学，詹成伟，等．镁合金焊接技术研究进展［J］．山东科学，2012，25（5）：39～46.

［84］仲子平．工艺参数对镁合金焊接接头力学性能的影响［J］．热加工工艺，2010，5：158～160.

［85］高明，曾晓雁，林天晓，等．MB8 镁合金激光－MIG 复合焊接初步分析［J］．焊接学报，2009，30（2）：71～74.

［86］高明，张林，林天晓，等．镁合金激光、激光填丝及激光－电弧复合焊接接头对比分析［J］．热加工工艺，2011，40（21）：103～106，110.

［87］黄春平，黄勇兵，李建萍，等．镁/钢搅拌摩擦焊接头界面及力学性能［J］．特种铸造及有色合金，2013，33（7）：604～608.

［88］张颂阳，耿茂鹏，谢水生，等．半固态铸轧成型技术的最新研究［J］．南昌大学学报（工科版），2006，28（4）：339～343.

［89］胡小东，于群，杨强，等．双辊铸轧镁合金板表面形貌及微观组织分析［J］．辽宁科技大学学报，2012，35（4）：347～351.

［90］黄志权，黄庆学，马立峰，等．宽幅 AZ31B 镁合金铸轧板显微组织和性能研究［J］．材料研究学报，2013，27（3）：292～298.

［91］张莹，倪泽联，韩婧潇，等．基于流变学模型的镁合金流变铸轧数值模拟［J］．热加工工艺，2013，42（3）：35～37，40.

［92］周翔，池成忠，魏云龙，等．汽车用镁合金车轮的液态模锻成型研究［J］．锻压装备与制造技术，2009，44（2）：66～69.

［93］赵军，尹硕，武向南，等．挤压压力对液态模锻 AZ91D 镁合金壳体件组织性能的影响［J］．热加工工艺，2013，42（9）：85～86，89.

［94］张占领，牛瑞利，曲全鹏，等．反挤压铸造工艺对镁合金轮毂铸件裂纹的影响［J］．特种铸造及有色合金，2013，1：33～35.

［95］任丽蓉，肖华强．挤压铸造 AZ81 镁合金的凝固行为及固溶时效处理［J］．热加工工艺，2013，42（15）：29～31，35.

［96］李卫民，陈静．浇注温度和冷却速度对半固态挤压铸造 AZ80 镁合金组织的影响［J］．铸造技术，2012，33（11）：1319～1320.

［97］中国镁业网．http：//www. chinamagnesium. org/.

［98］中国镁加工产业示范基地（鹤壁·中国镁谷）总体发展规划.

［99］鹤壁市打造“中国镁谷”三年发展规划.

［100］鹤壁市“十二五”工业发展规划.

［101］韩光道，隋步景．市县经济社会发展研究［M］．郑州：郑州大学出版社，2004.

［102］孟树昆，等．2012 年镁工业发展报告［J］．中国镁业，2013（2）.

［103］徐日瑶．硅热还原炼镁生产工艺学［M］．长沙：中南大学出版社，2003.

［104］徐日瑶．金属镁生产工艺学［M］．长沙：中南大学出版社，2003.

［105］徐日瑶．硅热法炼镁理论实践［M］．长沙：中南大学出版社，1996.

［106］高齐富，徐日瑶，韩薇．皮江法炼镁生产指导［M］．北京：中国有色金属协会镁业分会，2006.

［107］张永健．镁电解生产工艺学［M］．长沙：中南大学出版社，2006.

［108］许并社，李明照．镁冶炼与镁合金熔炼工艺［M］．北京：化学工业出版社，2006.

［109］柴跃生，孙钢，梁爱生．镁及镁合金生产知识问答［M］．北京：冶金工业出版社，2005.

［110］中国镁协．新中国镁工业六十年［M］．北京：中国有色金属协会镁业分会，2009.

［111］刘兵，等．我国镁产业发展过程中的技术变迁与作用分析［J］．中国科技产业，2007（4）：58～64.

[112] 穆彦青，靳玉春，黄志伟，等．镁合金无熔剂熔炼防燃净化技术研究进展［J］．中国铸锻焊技术，2011（6）：21～25.
[113] 张泷，唐靖林，曾大本．镁合金熔炼阻燃技术进展及发展趋势［J］．铸造技术，2005（10）：930～935.
[114] 彭立志，周向阳，伍上元，等．镁合金熔炼阻燃技术的现状与展望［J］．材料导报，2003（9）：25～27.
[115] 庞松，吴国华，孙明，等．镁合金熔炼保护气体研究现状与展望［J］．铸造，2011（3）：259～264.
[116] 徐静．镁合金熔炼过程中的阻燃保护方法及进展［J］．湖南有色金属，2012（6）：38～41.
[117] 石雅静，李全安，任文亮，等．耐热镁合金的开发与研究现状［J］．轻合金加工技术，2009（5）：1～5.
[118] 孙明，吴国华，王伟．镁合金纯净化研究现状与展望［J］．材料导报，2008（4）：88～92.
[119] 孟宪宝，毛红奎，徐宏．镁合金非熔剂净化的研究现状［J］．铸造技术，2012（11）：1327～1329.
[120] 吁艳林，陈乐平，周全．镁合金净化工艺研究进展［J］．铸造技术，2012（11）：1594～1597.
[121] 郑韫，吴国华，王其龙，等．镁合金净化技术研究现状及展望［J］．铸造技术，2010（1）：104～108.
[122] 张威，马孝斌，刘楠，等．镁合金熔体处理技术［J］．中国铸造装备与技术，2009（5）：13～16.
[123] 毛红奎，孟宪宝，王凤平，等．镁合金熔液净化的研究现状［J］．铸造技术，2013（2）：208～210.
[124] 肖阳，张新明，王飞超，等．高强耐热镁合金的合金化设计［J］．轻合金加工技术，2012（11）：32～40.
[125] 丁文江，吴玉娟，彭立明，等．高性能镁合金研究及应用的新进展［J］．中国材料进展，2010（8）：37～45.
[126] 黄晓锋，梁艳，谢锐，等．新型镁合金研究进展［J］．热处理技术与装备，2009（6）：3～8.

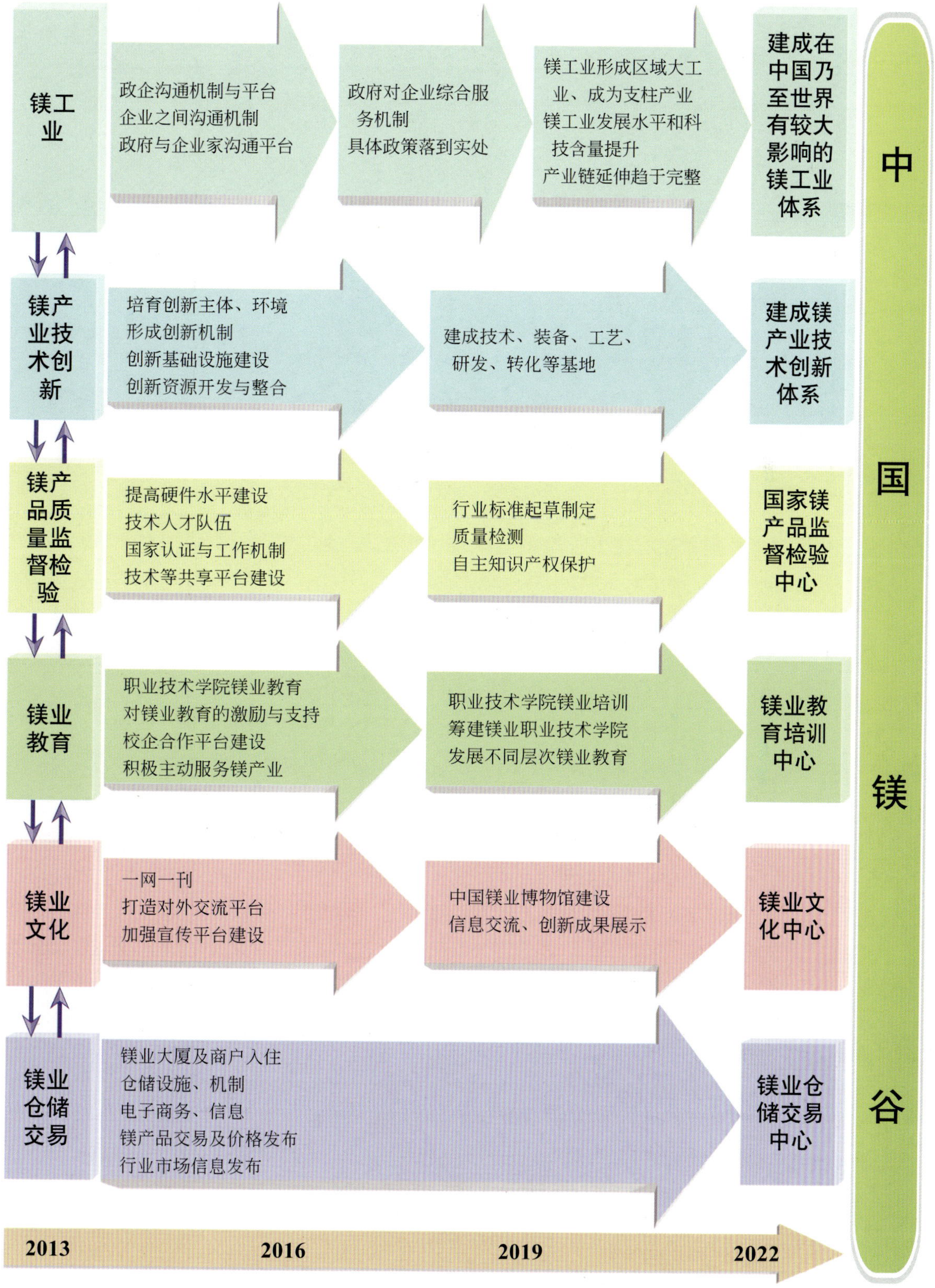

附图1　鹤壁市镁产业至2022年发展路线图